Leitner-Bommer/Chladek/Felzmann

Testament – wohl überlegt und unantastbar

Nikola Leitner-Bommer /
Katrin Chladek /
Lena-Maria Felzmann

Testament - wohl überlegt und unantastbar

Mit Beispielen, Musterformulierungen und Checklisten sowie aktueller Judikatur des Obersten Gerichtshofs

Bibliografische Information der Deutschen Nationalbibliothek
Die Deutsche Nationalbibliothek verzeichnet diese Publikation in der Deutschen Nationalbibliografie; detaillierte bibliografische Daten sind im Internet über http://dnb.d-nb.de abrufbar.

Hinweis: Aus Gründen der leichteren Lesbarkeit wird auf eine geschlechtsspezifische Differenzierung verzichtet. Entsprechende Begriffe gelten im Sinne der Gleichbehandlung für alle Geschlechter.

ISBN 978-3-7094-1181-0 (E-Book-PDF)
ISBN 978-3-7094-1180-3 (E-Book-ePub)

1210 Wien, Scheydgasse 24, Tel.: 01/24 630
www.lindeverlag.at

Satz: Linde Verlag Ges.m.b.H.
Druck: Hans Jentzsch & Co GmbH
1210 Wien, Scheydgasse 31
Dieses Buch wurde in Österreich hergestellt

Gedruckt nach der Richtlinie des Österreichischen Umweltzeichens „Druckerzeugnisse“, Druckerei Hans Jentzsch & Co GmbH, UW-Nr. 790

PRINTED IN AUSTRIA

mit biologischen Druckfarben jentzsch

Inhalt

Vorwort

Ein Testament zu errichten, stellt für die meisten eine große Herausforderung dar, nicht nur emotional, sondern auch inhaltlich und vor allem formal. Dieses Buch soll in erster Linie wachrütteln und aufzeigen, was passieren kann, wenn man gar nicht, nicht ausreichend oder gar formungültig für den Ablebensfall vorsorgt.

Wer nach der Lektüre mit dem Gedanken spielt, ein Testament zu errichten, sieht sich mit zahlreichen rechtlichen Fallstricken konfrontiert. Der Ratgeber „Testament – wohl überlegt und unantastbar" widmet sich in übersichtlicher Form den aktuell gültigen Formvorschriften bis ins letzte Detail inklusive der aktuellen Judikaturlinie des Obersten Gerichtshofs. Wesentliche Praxistipps für die bestmögliche Umsetzung, Checklisten, Musterbeispiele sowie inhaltliche Ausgestaltungsvorschläge für die Testamentserrichtung runden die vielschichtige Thematik ab.

Dieses Buch bietet eine übersichtliche Schritt-für-Schritt-Anleitung, damit das Testament auch wirklich gelingt und am Ende auch „hält". Einleitend werden allgemeine Grundsätze der Nachfolgeplanung inklusive Darlegung des gesetzlichen Erbrechts und des Pflichtteilsrechts erläutert, danach werden die praxisrelevanten Testamentsformen ausführlich dargestellt, sodass einer formgültigen und inhaltlich sinnvollen Testamentserrichtung nichts mehr im Wege steht. Freilich kann dieses Buch eine einschlägige Rechtsberatung keinesfalls ersetzen, aber gerade die ersten Schritte erheblich erleichtern und es soll einen guten, rechtlich fundierten Überblick bieten.

Nachfolgeplanung als Herausforderung

Im Zuge der Nachfolgeplanung gibt es so einiges, was man falsch machen kann. Es lauern zahlreiche Stolperfallen. Ziel dieses Werks ist es, diese Stolperfallen aufzuzeigen und Schritt für Schritt den Weg zur erfolgreichen Nachfolgeplanung zu ebnen.

Vielen Klienten ist nicht bewusst, was nach ihrem Ableben passiert, wenn sie nicht vorsorgen. In diesem Fall kommt es zur sogenannten gesetzlichen Erbfolge.[1] Nebeneffekt dieser Erbfolge von bestimmten nahen Angehörigen und dem Ehegatten ist außerdem, dass verschiedene Personen Miteigentum an der Verlassenschaft bekommen, was regelmäßig ein großes Konfliktpotenzial birgt und zwar nicht nur, wenn es um Patchworkfamilien geht, auf die die Regelungen der gesetzlichen Erbfolge meistens umso weniger passen.

Gesetzliche Erben können aber auch minderjährige Kinder[2] sein, was langwierige pflegschaftsgerichtliche Genehmigungsprozesse und auch die Bestellung von Kollisionskuratoren nach sich ziehen kann. Oftmals gilt es auch zu vermeiden, dass der/die Ex das Vermögen der minderjährigen Kinder verwalten darf usw. Das kostet regelmäßig Zeit, Geld und Nerven. Nicht zu vergessen, dass im Fall, dass keine gesetzlichen Erben vorhanden sind, die gesamte Verlassenschaft der Republik Österreich zufällt.

Vielen Klienten ist nach wie vor nicht bewusst, dass die (langjährigen) Lebensgefährten kein gesetzliches Erbrecht haben (sondern lediglich ein außerordentliches) und somit erst nach allen anderen gesetzlichen Erben zum Zug kommen. Möchte man Lebensgefährten absichern, muss somit immer noch ausdrücklich im Testament vorgesorgt werden.

Diese – vielen Klienten nicht bis ins letzte Detail bekannte – gesetzliche Erbfolge kommt auch immer dann zum Zug, wenn ein Testament formungültig oder nicht die gesamte Verlassenschaft umfassend errichtet wird. Auch wenn der testamentarische Erbe aus welchem Grund auch immer nicht erben kann oder will und kein Ersatzerbe vorgesehen ist, kommt die gesetzliche Erbfolge zum Tragen.

Seit geraumer Zeit häufen sich die oberstgerichtlichen Entscheidungen zur Formungültigkeit von Testamenten.[3] Grundsätzlich gibt es vier verschiedene Formen von Testamenten,[4] in der Praxis sind jedoch das eigenhändige (also hand- und selbstgeschriebene) und das fremdhändige Testament die am weitesten verbreiteten Formen, auf die in diesem Werk der Fokus gelegt wird.

Die möglichen Fehlerquellen beim Errichten von Testamenten sind dabei vielfältig. In den Medien wurde vor allem in den letzten beiden Jahren häufig von den mehrseitigen fremdhändigen Testamenten berichtet, die keinen ausreichenden inhaltlichen oder äußeren Zusammenhang aufwiesen. Für die Errichtung eines formgültigen fremdhändigen Testaments muss nämlich nunmehr entweder ein äußerer oder inhaltlicher Zusammenhang gegeben sein.

Ein äußerer Zusammenhang ist dann gegeben, wenn die Blätter so fest miteinander verbunden werden, dass diese nur durch Zerstörung oder Beschädigung der Urkunde wieder voneinander gelöst werden können (zB durch Binden, Kleben, Nähen; nicht jedoch durch eine Büroklammer oder Heftklammer). Dieser äußere Zusammenhang muss bereits vor Errichtung oder „uno actu" erfolgen, was ebenfalls bereits für erstaunliche Judikate gesorgt hat. Dabei stellt sich die spannende Frage, wie man später nachweisen kann, dass dieser geforderte äußere Zusammenhang zu diesem Zeitpunkt bereits bestand.[5]

Ein inhaltlicher Zusammenhang zwischen losen Blättern kann neben der Fortsetzung des Textes auch durch einen vom Testator unterfertigten Vermerk hergestellt werden, welcher inhaltlich auf die letztwillige Verfügung Bezug nimmt. Unklar ist nach wie vor, was der Oberste Gerichtshof damit wirklich meint, was zu erheblicher Rechtsunsicherheit in der Praxis führt.

Letztendlich kann auch beim Zeugenzusatz oder beim nunmehr seit dem Erbrechtsänderungsgesetz 2015 erforderlichen eigenhändigen Zusatz fremdhändiger Testamente einiges falsch gemacht werden.

Die Gefahr, dass fremdhändige Testamente nicht formwirksam errichtet werden bzw bereits errichtete fremdhändige Testamente wohl nicht den aktuellen Formvorschriften entsprechen, ist daher enorm hoch. Außerdem ist zu befürchten, dass diese bis dato nur zu fremdhändigen Testamenten ergangene Judikatur (bezüglich äußerem und innerem Urkundenzusammenhang) auch auf eigenhändige Testamente erstreckt wird.[6] Darüber hinaus gibt es ebenso zahlreiche Judikatur zu Fehlerquellen bei eigenhändigen Testamenten.[7] Schließlich kommen noch einige Sondernormen zB in Bezug auf Testamente von Schreib- und Leseunfähigen (zB Blinden) zur Anwendung. Wir empfehlen daher dringend die Prüfung bestehender Testamente!

Neben den bereits genannten strengen Formvorschriften bei der Errichtung von Testamenten gilt es auch inhaltliche Hürden bei der Nachfolgeplanung zu bewältigen. Das Erbrechtsänderungsgesetz 2015 („ErbRÄG 2015")[8] hat zu zahlreichen Änderungen geführt. Außerdem kommt es nicht selten vor, dass unzulässige Klauseln oder nicht durchsetzbare Auflagen festgeschrieben werden.

Vor allem bei internationalen Sachverhalten[9] sollte eine gültige Rechtswahlklausel (uU gekoppelt mit einer Auflage zur Vornahme einer Zuständigkeitsvereinbarung) aufgenommen werden.

Zudem sollte bei der Gestaltung der Nachfolgeplanung auf etwaige Pflichtteilsansprüche[10] jedenfalls Bedacht genommen werden, um nachträgliche Streitigkeiten zu vermeiden. Diesbezüglich wurde mit dem ErbRÄG 2015 eine erhöhte Flexibilität für die Erblasser bei Übertragung ihres Vermögens eingeräumt, von dem in der Praxis immer noch sehr wenig Gebrauch gemacht wird. Vor allem die Hinzu- und Anrechnung von Schenkungen an pflichtteilsberechtigte Personen steht hier immer mehr im Fokus, da nach neuer Rechtslage der Wert zum Schenkungszeitpunkt relevant ist und dessen Ermittlung später im Verlassenschaftsverfahren regelmäßig mit Schwierigkeiten und Konflikten verbunden ist. Ein gefundenes Fressen für Rechtsanwälte und gerichtlich beeidete Sachverständige.

Wir beobachten in der Praxis außerdem, dass zunehmend die Testierfähigkeit der Erblasser im Zeitpunkt der Testamentserrichtung in Zweifel gezogen wird (was ebenfalls den Wegfall des betroffenen Testaments und damit die gesetzliche Erbfolge zur Folge hätte). Zur Absicherung empfiehlt sich die zeitgleiche Einholung eines neurologischen Gutachtens.[11]

Bei Unternehmern dürfen außerdem zB Stiftungserklärungen, Gesellschaftsverträge, Syndikatsverträge, Treuhandverträge etc nicht außer Acht gelassen werden. Diese müssen ebenfalls an die Nachfolgeplanung bzw -situation angepasst werden, was in der Praxis oftmals übersehen wird.

Viele unserer Klienten erwidern, auf all diese Risiken angesprochen, dass in deren Familie garantiert keine Konflikte auftreten werden. Argumentiert wird dies damit, dass man sich gut verstehe, bzw keiner der Akteure auf die Idee kommen werde, beispielsweise die Formungültigkeit des Testaments geltend zu machen.

Davon abgesehen, dass nach dem Ableben nicht selten die Familienbande bzw Freundschaft schlagartig endet, ist vielen nicht bewusst, dass die Geltendmachung der Formungültigkeit von Testamenten durch Familienmitglieder in der Praxis regelmäßig gar nicht erforderlich ist. Denn der Gerichtskommissär (der Notar, der für das Verlassenschaftsverfahren im Ablebensfall beim jeweiligen Bezirksgericht zuständig ist) hat von sich aus die Formgültigkeit des Testaments zu prüfen und einen entsprechenden Vermerk im Übernahmeprotokoll zu setzen. Stellt der Gerichtskommissär nun bei seiner amtswegigen Prüfung fest, dass das Testament formungültig sein könnte, hat er einen

Schlichtungsversuch vorzunehmen. Einigen sich die Parteien nicht und geben immer noch widerstreitende Erbantrittserklärungen ab, wandert das Verlassenschaftsverfahren vom Gerichtskommissär zum Richter ins Außerstreitverfahren, in dem über die Gültigkeit (schlimmstenfalls bis zum Obersten Gerichtshof) prozessiert wird.[12] Das heißt also, selbst wenn aus der Familie keiner die Ungültigkeit eines Testaments geltend machen würde, bleibt sie nicht unentdeckt, weil der Gerichtskommissär diese von sich aus prüfen muss.

Die Tragweite etwaiger Formfehler ist keinesfalls nur „Zukunftsmusik". Der Oberste Gerichtshof hat entschieden, dass diese „neuen" Formvorschriften nicht nur für nach der neuen Rechtslage (ErbRÄG 2015) errichtete Testamente gelten, sondern auch für solche, die früher errichtet wurden. Selbst bei bereits eingeantworteten Verlassenschaftsverfahren können unter Umständen mittels Erbschaftsklage solch ungültige Testamente wieder „umgestoßen" werden, was zu einer „Wiedereröffnung" von Verlassenschaftsverfahren führen kann. Hierbei ist jedoch regelmäßig zu prüfen, ob die Verjährungsfrist abgelaufen ist.[13]

Wird nun ein Testament wegen Formfehlern für nichtig erklärt, wird – bevor die gesetzliche Erbfolge zum Zug kommt – geprüft, ob nicht ein älteres, gültiges Testament vorliegt. Es empfiehlt sich somit in der Praxis, vor Anfechtung eines Testaments zu prüfen, ob ältere Testamente vorliegen, die unter Umständen günstiger oder schlechter für den jeweiligen Betroffenen sein könnten.

Bei jeder Neuerrichtung eines Testaments sollte daher hinterfragt werden, ob das bereits vorliegende ältere Testament bei Wegfall des neuen Testaments wieder aufleben soll oder nicht. Gerade beispielsweise im Zusammenhang mit neuen Beziehungs- und Lebenskonstellationen kann eine solche Entscheidung sehr wichtig sein. Man bedenke den Fall, wenn das Testament zugunsten der neuen Lebensgefährtin plötzlich ungültig ist.[14]

Die persönlichen und beruflichen Rahmenbedingungen ändern sich oftmals im Laufe der Zeit. Deshalb empfehlen wir, alle fünf Jahre sämtliche Nachfolgedokumente (Testament, Vorsorgevollmacht, Patientenverfügung inklusive gesellschaftsrechtliche Begleitdokumente usw) zur Hand zu nehmen und einer Prüfung zu unterziehen, ob diese zum einen formgültig errichtet wurden (und auch den neuen von der Judikatur aufgestellten Kriterien standhalten), zum anderen etwaigen gesetzlichen Änderungen entsprechen[15] und ob aufgrund geänderter sonstiger Rahmenbedingungen Änderungsbedarf besteht.

Aber nicht nur die Vorsorge für den Ablebensfall ist besonders wichtig. Wir beobachten in der Praxis, dass zwar vielen Klienten bereits bewusst ist, dass sie für den Ablebensfall vorsorgen sollen, und sich dabei durchaus juristische Hilfe holen, aber die Vorsorge für den Eintritt der Entscheidungsunfähigkeit – sei es aufgrund von Unfall oder durch Krankheit – immer noch unterschätzen.

Wird keine Vorsorge für den Eintritt der Entscheidungsunfähigkeit getroffen, kommt es unter Umständen zur Bestellung von fremden Erwachsenenvertretern und damit einhergehend zum Erfordernis von gerichtlichen Genehmigungen, mündelsicheren Veranlagungen, hohen Entschädigungsansprüchen des Erwachsenenvertreters und nicht zuletzt zu Komplikationen in Familienunternehmen. Mit der rechtzeitigen Errichtung einer Vorsorgevollmacht als Vorsorge für den Verlust der Entscheidungsfähigkeit kann vermieden werden, dass ungeeignete bzw unliebsame Erwachsenenvertreter zum Einsatz kommen.[16] Durch Abstimmung des Testaments mit der Vorsorgevollmacht kann auch die einheitliche Verlassenschaftsabwicklung erreicht werden, in dem der Anwendungsbereich der Vorsorgevollmacht auf die Zeit des Verlassenschaftsverfahrens erstreckt wird.

Pandemiebedingt beobachten wir im vergangenen Jahr auch ein erhöhtes Bedürfnis der Mandanten, über ihre Pflege und Versorgung im Krankheitsfall frei zu bestimmen und mittels Patientenverfügung (verbindlich oder nicht verbindlich) festzuschreiben,[17] was in einer Situation, in der sie ihren Willen nicht mehr äußern können, zu geschehen hat. Dies ist in Kombination mit der Vorsorgevollmacht auch ein durchaus probates Mittel, um seinen Vertrauten, die als Vorsorgebevollmächtigte tätig werden, in schwierigen Situationen einen Leitfaden in die Hand zu geben.

Neben der juristischen Seite der Nachfolgeplanung darf auch der steuerliche Aspekt nicht außer Acht gelassen werden. Zwar gibt es in Österreich derzeit keine Erbschaftsteuer und auch die vorweggenommene Erbfolge erscheint mangels Schenkungsteuer unproblematisch, dennoch kann die Nachfolgeplanung entscheidende steuerliche Folgen nach sich ziehen, die im Vorfeld erörtert, möglichst vermieden, aber jedenfalls optimiert werden sollten. Dies wird in diesem Werk jedoch nicht behandelt. Bei all diesen Fallstricken, wie zB ausländische Erbschaftsteuer, Wegzugsteuer, Grunderwerbsteuer etc, steht uns unser Kooperationspartner LeitnerLeitner tatkräftig zur Seite, sodass wir aus einer Hand steuerlich und rechtlich optimierte Nachfolgelösungen anbieten können. Diesbezüglich dürfen wir auch auf das Buch *Huber/Leitner/Leitner-Bommer/Schlagnitweit*, „Jetzt seid Ihr dran! Unternehmensnachfolge richtig steuern", Unternehmensnachfolge[4], LexisNexis (2016), verweisen.

Abschließend möchten wir an dieser Stelle ausdrücklich festhalten, dass dieses Werk natürlich eine individuelle Beratung durch auf Erbrecht spezialisierte Rechtsanwälte oder Notare nicht ersetzen kann.

Rest in Peace

Unser Auftrag in der Rechtsberatung ist es, Nachfolgelösungen zu gestalten, die Konflikte vermeiden. In der Praxis zeigt sich, dass der Prozess der Nachfolgeplanung oftmals unterschätzt, vernachlässigt und so lange wie möglich hinausgeschoben wird.

Nach erfolgreichem Abschluss der Nachfolgeplanung bezeichnen sich unsere Klienten jedoch regelmäßig als enorm erleichtert, dankbar und ja sogar befreit. Deshalb haben wir uns den Beratungsansatz „Rest in Peace" in jeder Hinsicht zum übergeordneten Ziel gemacht.

MMag. Dr. Nikola Leitner-Bommer
Mag. Katrin Chladek
Mag. Lena-Maria Felzmann, LL.M.

Kapitel 1

Rahmenbedingungen der Nachfolgeplanung

Das nachfolgende Kapitel behandelt das gesetzliche Erbrecht und das Pflichtteilsrecht in seinen Grundzügen sowie die Auswirkungen dieser Regelungen auf die Nachfolgeplanung.

Gesetzliche Erbfolge

Umfang der gesetzlichen Erbfolge

Schon aus der Bezeichnung „gesetzliche“ Erbfolge lässt sich ableiten, dass diese durch das Gesetz vorgegeben ist (§§ 727 ff ABGB). Die gesetzliche Erbfolge stellt aber kein zwingendes Recht dar. Es kann somit vom Erblasser mittels letztwilliger Verfügung Abweichendes geregelt werden.[18]

Es kommt immer dann zur gesetzlichen Erbfolge, wenn

- ➜ keine letztwillige Verfügung (Testament, Erbvertrag, letztwillige Verfügung ohne Erbeinsetzung) errichtet wurde oder diese nicht gültig ist,
- ➜ die letztwillige Verfügung nicht die gesamte Verlassenschaft umfasst oder
- ➜ der bedachte Erbe (sowie ein im Testament vorgesehener Ersatzerbe) die Erbschaft nicht annehmen kann oder möchte.[19] Letzteres ist beispielsweise dann der Fall, wenn der bedachte Erbe vor dem Erblasser verstorben ist, ein Erbunwürdigkeitsgrund[20] durch diesen verwirklicht wurde oder sich der bedachte Erbe entschlägt (Nichtannahme der Erbschaft).[21]

Gesetzliche Erbe

Primär kommen als gesetzliche Erben bestimmte Verwandte des Erblassers nach einer systematischen Reihenfolge (Parentelensystem) zum Zug. Außerdem zählen der Ehegatte sowie der eingetragene Partner zu den gesetzlichen Erben (§§ 730 ff ABGB).[22]

Parentelensystem

„Verwandt“ ist, wer durch ein Abstammungsverhältnis mit dem Erblasser in Verbindung steht.[23] Die Verwandten erben nach dem sogenannten Parentelensystem.[24]

Es gilt das Prinzip, dass engere Verwandte weiter entfernte Verwandte ausschließen.[25] Konkret bedeutet das, dass es einer später gereihten Parentel nur möglich ist zu erben, wenn aus der früher gereihten Parentel niemand die Erbschaft erlangt.[26]

Die erste Parentel umfasst die Kinder des Erblassers sowie deren Nachkommen. Die zweite Parentel umfasst die Eltern des Erblassers und deren Nachkommen (wie etwa Geschwister, Neffen und Nichten des Erblassers etc). Zur dritten Parentel gehören die Großeltern des Erblassers und deren Nachkommen (zB Onkel, Tanten, Cousins sowie Cousinen). Letztlich wird die vierte Parentel durch die Urgroßeltern des Erblassers gebildet.[27] Hier endet das gesetzliche Erbrecht der Verwandten (Erbrechtsgrenze).

Hinsichtlich der ersten Parentel gilt: Hinterlässt der Erblasser Kinder, so fällt diesen die Erbschaft jeweils gleichteilig (nach Köpfen) zu.[28] Sollte eines der Kinder des Erblassers vor dem Erblasser verstorben sein und Nachkommen hinterlassen haben, kommt der Anteil des Vorverstorbenen dessen Nachkommen (demnach den Enkeln des Erblassers) gleichteilig zu.[29] Man spricht diesbezüglich von Repräsentation.[30] Sofern das vorverstorbene Kind keine Nachkommen haben sollte, fällt dieser Anteil den übrigen Kindern des Erblassers zu gleichen Teilen zu; diesfalls spricht man von Anwachsung.[31]

BEISPIEL

Erblasser (E) hat zwei Kinder, X und Y. X und Y haben jeweils ein Kind ET und ES. Kinder X und Y werden jeweils zur Hälfte Erben.

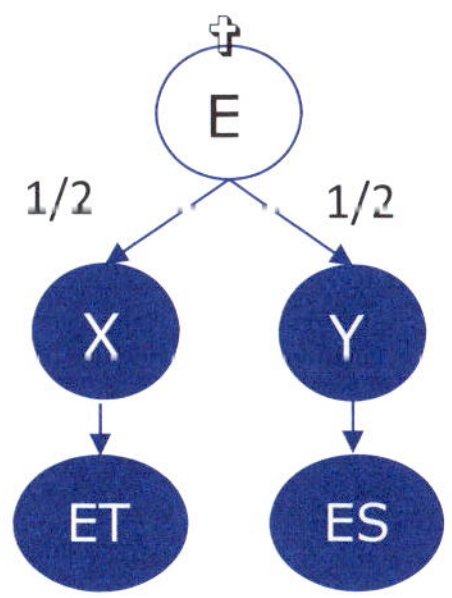

E hat zwei Kinder, X und Y. Kind Y ist bereits vorverstorben. Kind Y hat zwei Kinder (Enkelkinder), ET und ES. Der gesetzliche Erbteil von Kind X beträgt die Hälfte und jener der Enkelkinder ET und ES jeweils 1/4.

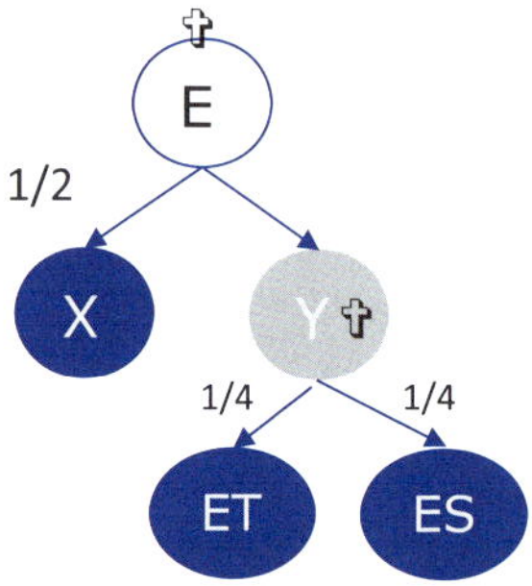

E hat zwei Kinder, X und Y. Kind Y ist bereits vorverstorben und hat keine Nachkommen. Kind X hat eine Tochter ET. Kind X wird Alleinerbe.

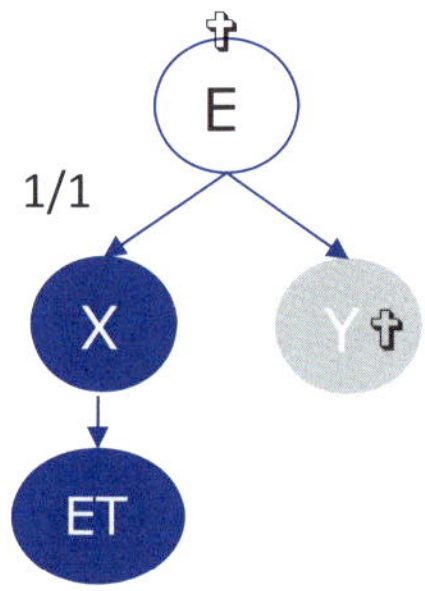

Sind aus der ersten Parentel keine gesetzlichen Erben vorhanden, kommt die zweite Parentel zum Zug. Da die zweite Parentel primär aus den Eltern des Erblassers gebildet wird, erben diese grundsätzlich jeweils zur Hälfte.[32] Ist ein Elternteil des Erblassers bereits vor dem Tod des Erblassers vorverstorben, folgen dessen Nachkommen an dessen Stelle nach. Es wird allerdings nicht unterschieden, ob es sich um Nachkommen handelt, die aus einer Verbindung mit dem überlebenden Elternteil stammen oder nicht.[33] Daher können in das Erbrecht etwa auch Halbgeschwister (nicht jedoch Stiefgeschwister) eintreten. Halbgeschwister sind Kinder des vorverstorbenen Elternteils aus einer anderen Verbindung als jener mit dem lebenden Elternteil. Stiefgeschwister sind Geschwister, die nicht vom vorverstorbenen Elternteil abstammen.[34]

Sollte ein Elternteil bereits vorverstorben sein, ohne Nachkommen zu hinterlassen, kommt dem überlebenden Elternteil das Erbrecht zur Gänze zu bzw, wenn auch dieser nicht mehr am Leben sein sollte, dessen Nachkommen.[35]

BEISPIEL

E verstirbt kinderlos. Mutter M und Vater V sind bereits verstorben. E hat zwei Geschwister, B und S.

Die Geschwister B und S werden jeweils zur Hälfte Erben.

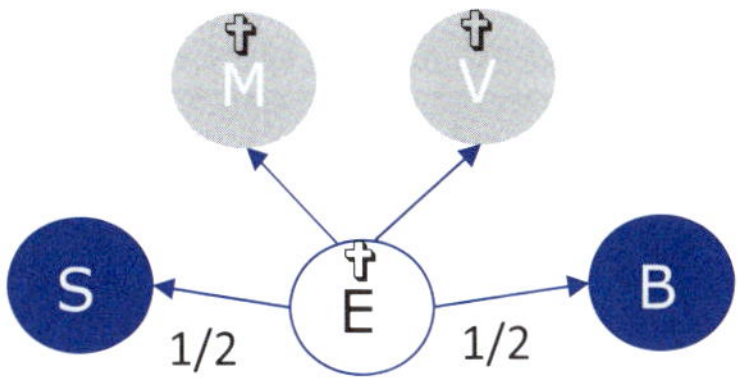

E verstirbt kinderlos. Mutter M und Vater V sind bereits verstorben. V hat aus erster Ehe noch einen Sohn S. V hat bis zu seinem Ableben mit seiner Lebensgefährtin LF zusammengelebt, die eine Tochter T aus einer früheren Beziehung hatte.

Der Halbbruder S wird Alleinerbe. LF und T haben kein Erbrecht.

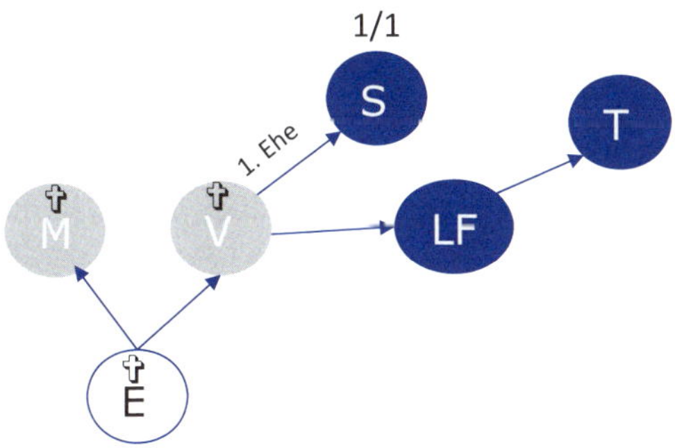

Bei der dritten Parentel erben alle vier Großelternteile gleichteilig.[36] Hinsichtlich bereits vorverstorbener Großeltern gilt wieder das Repräsentationsrecht, sodass deren Nachkommen deren Anteil zufällt.[37] Kommt es mangels möglicher Nachkommen nicht zur Repräsentation, kommt der Anspruch dem Großelternteil der gleichen Seite zu. Sollte jedoch von beiden Großelternteilen mütterlicherseits niemand zum Zug gelangen, erben die Großeltern väterlicherseits (bzw deren Nachkommen) die gesamte Verlassenschaft.[38]

Bei der vierten Parentel, den vier Urgroßelternpaaren, gibt es keine Repräsentation mehr (Erbrechtsgrenze).[39]

Gesetzliches Erbrecht der Ehegatten

Von dem gesetzlichen Erbrecht der Verwandten gilt es das gesetzliche Erbrecht des Ehegatten bzw eingetragenen Partners zu unterscheiden. Das Erbrecht des Ehegatten bzw des eingetragenen Partners besteht immer dann, wenn im Zeitpunkt des Todes die Ehe bzw eingetragene Partnerschaft aufrecht war.[40] Dh mit rechtskräftiger Auflösung der Ehe bzw eingetragenen Partnerschaft kommt dem ehemaligen Ehegatten bzw eingetragenen Partner ex lege kein gesetzliches Erbrecht mehr zu. Dies ist unabhängig davon, wer die Auflösung der Ehe verursacht hat.[41]

Der Umfang des gesetzlichen Erbteils richtet sich danach, neben welcher Parentel der Ehegatte bzw eingetragene Partner zum Zug kommt.[42] Kommt die erste Parentel, sohin die Nachkommen des Erblassers zum Zug, so steht dem Ehegatten bzw eingetragenen Partner ein Drittel der Verlassenschaft zu.[43]

Kommt der Ehegatte bzw eingetragene Partner neben den Eltern des Erblassers zum Zug, so stehen ihm zwei Drittel der Verlassenschaft zu. Ansonsten ist der Ehegatte bzw eingetragene Partner gänzlich als gesetzlicher Erbe berufen.[44] Sollte bereits ein Elternteil des Erblassers vor diesem vorverstorben sein, fällt dem Ehegatten bzw eingetragenen Partner auch dieser frei gewordene Teil zu. Das heißt, dass Geschwister nicht mehr zum Zug kommen.[45]

BEISPIEL

E und F sind verheiratet und haben ein gemeinsames Kind K. E verstirbt.

F wird zu 1/3 Erbe und K zu 2/3 Erbe.

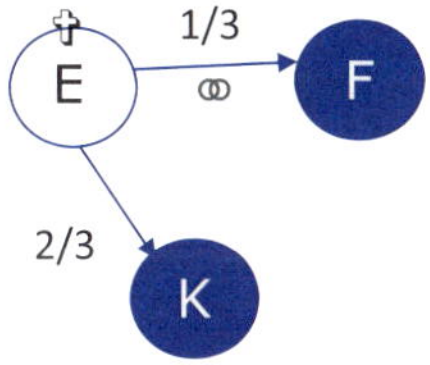

E und F sind verheiratet und kinderlos. Die Eltern von E sind M und V. E verstirbt. F wird zu 2/3 Erbe. M und V werden jeweils zu 1/6 Erben.

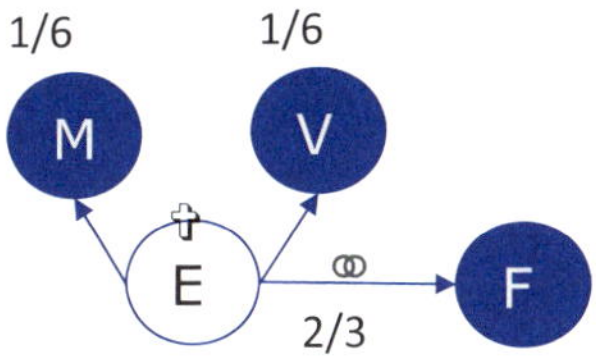

Variante: M ist bereits vorverstorben.

Den 1/6-Anteil von M erhält F und wird zu 5/6 Erbin.

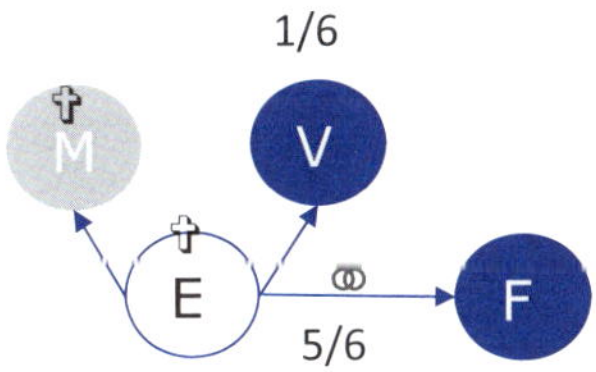

Variante: M und V sind bereits vorverstorben.

F wird Alleinerbin.

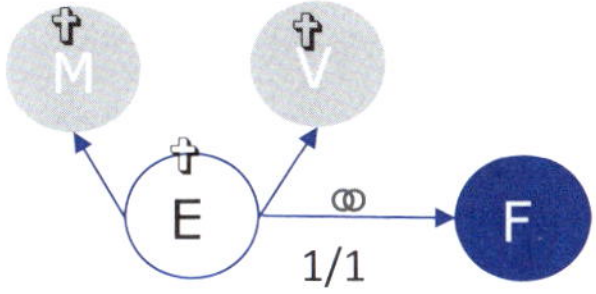

Darüber hinaus steht dem Ehegatten bzw eingetragenen Partner als gesetzliches Vorausvermächtnis das Recht zu, weiterhin in der gemeinsamen Ehe- oder Partnerschaftswohnung zu leben (unentgeltliches Wohnrecht). Darüber hinaus gebührt dem Ehegatten bzw eingetragenen Partner das Recht, die zum ehelichen/partnerschaftlichen Haushalt gehörenden beweglichen Sachen weiter zu nutzen.[46] Zweck dieses Vorausvermächtnisses liegt darin, dem Ehegatten bzw eingetragenen Partner eine Beibehaltung der ursprünglichen Lebensverhältnisse zu gewährleisten.[47]

Dieses Vorausvermächtnis hat Vorrang vor anderen Vermächtnissen, Pflichtteilsansprüchen sowie Unterhaltsansprüchen.[48]

Eine Anrechnung auf den Erbteil erfolgt nur bei ausdrücklicher Anordnung durch den Erblasser.[49] Auf den Pflichtteil ist das gesetzliche Vorausvermächtnis anzurechnen.[50]

PRAXISTIPP

Bei der Übertragung von Liegenschaften an Nachkommen zu Lebzeiten gilt es das gesetzliche Vorausvermächtnis des überlebenden Ehegatten bzw eingetragenen Partners mitzubedenken, um langwierige und kostenintensive Streitigkeiten zu vermeiden.

Schon zu Lebzeiten können der Erblasser und der Ehegatte bzw eingetragene Partner vereinbaren, dass auf das gesetzliche Vorausvermächtnis verzichtet wird. Hierzu müssen jedoch die Formvorschriften eines Erbverzichtes eingehalten werden. Dieser Verzicht muss daher in Form eines Notariatsaktes abgeschlossen werden.[51]

Ein Entzug des gesetzlichen Vorausvermächtnisses ist für den Erblasser lediglich möglich, wenn Enterbungsgründe vorliegen.[52]

Erbrecht der Lebensgefährten

Dem Lebensgefährten kommt lediglich ein „außerordentliches Erbrecht“ zu (§ 748 ABGB).[53] Dieses kommt nur dann zur Anwendung, wenn sonst keine gesetzlichen Erben bzw letztwillig bedachten Erben zum Zug kommen.[54] Als Erfordernis gilt weiters, dass der Lebensgefährte mit dem Erblasser zumindest in den letzten drei Jahren vor dessen Ableben im gemeinsamen Haushalt gelebt hat.[55] Vom Erfordernis eines gemeinsamen Haushalts ist dann abzusehen, wenn diesem erhebliche (gesundheitliche oder berufliche) Gründe entgegenstanden, ansonsten aber eine für Lebensgefährten typische besondere Verbundenheit bestand.

Weiters steht dem Lebensgefährten, ähnlich dem gesetzlichen Vorausvermächtnis des Ehegatten bzw eingetragenen Partners, auch ein solches zu. Voraussetzung hierfür ist, dass der Lebensgefährte mit dem Erblasser in den letzten drei Jahren vor dem Ableben des Erblassers in einem gemeinsamen Haushalt gelebt hat und der Erblasser sich nicht in einer aufrechten Ehe bzw eingetragenen Partnerschaft befunden hat.[56] Dieses Recht ist jedoch im Vergleich zu jenem des Ehegatten bzw eingetragenen Partners auf ein Jahr begrenzt.[57]

PRAXISTIPP

Die gesetzlich vorgesehenen Rechte des Lebensgefährten sind relativ schmal ausgestaltet. Hinzu kommt, dass der Gesetzgeber einen Lebensgefährten (in Bezug auf erbrechtliche Regelungen) so definiert, dass dieser zumindest in den letzten drei Jahren vor dem Ableben des Erblassers in einem gemeinsamen Haushalt gelebt haben muss. Von dem Erfordernis eines gemeinsamen Haushaltes ist nur dann abzusehen, wenn diesem erhebliche Gründe, etwa gesundheitlicher oder beruflicher Art, entgegenstanden, ansonsten aber eine für Lebensgefährten typische besondere Verbundenheit bestand. Es zeigt sich daher, dass es durchaus zu Auslegungsschwierigkeiten kommen kann, ob nun eine Lebensgemeinschaft vorliegt oder nicht.

Sofern dem Lebensgefährten demnach eine stärkere Position bzw mehr Rechte eingeräumt werden sollen, hat dies letztwillig zu erfolgen. Es empfiehlt sich, den Lebensgefährten im Testament ausdrücklich als solchen zu definieren und im gewünschten Ausmaß abzusichern, um etwaige Diskussionen bzw Auslegungsschwierigkeiten im Verlassenschaftsverfahren zu vermeiden.

Erbrecht der Vermächtnisnehmer

Für den Fall, dass weder die gesetzlichen Erben, noch letztwillig eingesetzte Erben, noch der Lebensgefährte erben können oder wollen, der Erblasser jedoch eine letztwillige Anordnung von Vermächtnissen vorgenommen hat, wird das außerordentliche Erbrecht der Vermächtnisnehmer schlagend.[58]

Den Vermächtnisnehmern steht das Erbrecht diesfalls zur Gänze zu. Sind mehrere Vermächtnisnehmer eingesetzt worden, ermittelt sich die Quote nach dem Wert der vermachten Gegenstände.[59] Zugegeben ein in der Praxis nur selten vorkommender Fall.

Aneignung durch die Republik Österreich

Die Republik Österreich hat unter bestimmten Umständen das Recht, sich Verlassenschaften anzueignen. Dies ist der Fall, wenn die Verlassenschaft „erblos" ist, also kein zur Erbfolge Berechtigter vorhanden ist und auch sonst niemand die Verlassenschaft erwirbt.[60]

Kein zur Erbfolge Berechtigter liegt insbesondere vor, sofern kein gesetzlicher bzw letztwillig eingesetzter Erbe bzw Lebensgefährte oder Vermächtnisnehmer vorhanden ist oder die Genannten nicht erben können bzw wollen.[61]

PRAXISTIPP

Sofern keine gesetzlichen Erben (bzw Lebensgefährten) bestehen, sollte daher rechtzeitig vorgesorgt und überlegt werden, wer als Erbe eingesetzt werden soll, um zu vermeiden, dass der Republik Österreich die Verlassenschaft zufällt.

Pflichtteilsrecht

Wesen des Pflichtteilsrechts

Das Pflichtteilsrecht spielt in der Beratungspraxis eine zentrale Rolle. Mit dem Pflichtteilsrecht verfolgte der Gesetzgeber den Gedanken, dass ein bestimmter

Teil der Verlassenschaft verpflichtend an nahe Angehörige zu gehen hat, damit diese Familienmitglieder im Ablebensfall des Erblassers versorgt sind.

Das Pflichtteilsrecht stellt gewissermaßen ein Spannungsverhältnis zwischen der Testierfreiheit des Erblassers sowie dem Grundgedanken dar, dass gewisse Angehörige zwingend einen Mindestanteil an der Verlassenschaft erhalten sollen.[62]

Beim Pflichtteilsrecht (§§ 756 ff ABGB) handelt es sich demnach um zwingendes Recht.[63] Der den bestimmten Angehörigen zustehende Mindestanteil an der Verlassenschaft muss daher auch bei der testamentarischen Erbfolge berücksichtigt werden, um Konflikte und insbesondere eine diesbezügliche (gerichtliche) Geltendmachung zu vermeiden.[64]

Pflichtteilsberechtigte Personen

§ 757 ABGB zählt jene Personen auf, denen grundsätzlich ein Pflichtteil zukommen kann („abstrakt Pflichtteilsberechtigte").[65] Dieser Personenkreis umfasst die Nachkommen des Erblassers sowie dessen Ehegatten bzw eingetragenen Partner.[66] Nicht als abstrakt pflichtteilsberechtigte Personen kommen dagegen die Vorfahren (zB Eltern), Seitenverwandte (zB Geschwister) bzw Lebensgefährten in Betracht.[67]

Konkret Pflichtteilsberechtigte sind jene Personen, die auch bei der gesetzlichen Erbfolge zum Zug gekommen wären, wenn der Erblasser nicht letztwillig Anderweitiges verfügt hätte.[68] Anders gesagt: Den konkret Pflichtteilsberechtigten müsste im Fall der gesetzlichen Erbfolge auch ein gesetzliches Erbrecht zustehen.[69] Daher sind beispielsweise Nachkommen von Kindern (Enkel des Erblassers) nicht konkret pflichtteilsberechtigt, sofern das Kind des Erblassers gesetzlicher Erbe wäre.[70] Beim Pflichtteil des Ehegatten bzw eingetragenen Partners gilt, wie auch bei der gesetzlichen Erbfolge, dass eine aufrechte Ehe bzw eingetragene Partnerschaft vorliegen muss.[71]

Ein Entfall der konkreten Pflichtteilsberechtigung kann bei Vorliegen von Pflichtteilsausschließungsgründen erfolgen. Hierzu zählen zum Beispiel ein Erb- bzw Pflichtteilsverzicht, Enterbung und Erbunwürdigkeit, die Entschlagung der Erbschaft oder die Pflichtteilsminderung (nur teilweiser Verlust des Pflichtteilsrechts).[72]

Entziehung und Minderung des Pflichtteils

Aus dem zwingenden Charakter des Pflichtteilsrechts folgt, dass einem Pflichtteilsberechtigten der Pflichtteil nur entzogen werden kann, wenn dieser gewisse Verhaltensweisen setzt oder in seiner Person Umstände vorliegen, die dies rechtfertigen würden.[73] Man spricht in diesem Fall von Enterbung.[74] Enterbung ist somit die gänzliche oder teilweise Entziehung des Pflichtteils durch letztwillige Verfügung (§ 769 ABGB).

Voraussetzung einer Enterbung ist zum einen, dass ein Enterbungsgrund erfüllt ist, und zum anderen, dass der Erblasser eine ausdrückliche oder stillschweigende Anordnung im Rahmen einer letztwilligen Verfügung getätigt hat.[75]

Ein Enterbungsgrund liegt beispielsweise vor, wenn bestimmte strafbare Handlungen der Pflichtteilsberechtigten gegen den Verstorbenen bzw dessen nahen Angehörigen gesetzt bzw versucht wurden.

Im Gegensatz dazu wird bei Vorliegen eines Erbunwürdigkeitsgrundes die Erbfähigkeit ex lege beseitigt.[76] Eine diesbezügliche letztwillige Anordnung des Erblassers ist nicht erforderlich. Die Gründe der Erbunwürdigkeit sind in §§ 539 ff ABGB geregelt. Beispielsweise werden Verfehlungen gegen den letzten Willen des Erblassers (seine Testierfreiheit) und damit Handlungen oder Unterlassungen, die in der Absicht geschehen, seinen Willen zu vereiteln, sanktioniert.[77]

AKTUELLE JUDIKATUR

Der Erblasser hinterließ seine Ehegattin sowie seine Tochter aus erster Ehe. Eine letztwillige Verfügung errichtete der Erblasser nicht. Nach Anwendung der gesetzlichen Erbfolge wären die Ehefrau zu 1/3 und die Tochter zu 2/3 als Erbinnen berufen gewesen. Die Ehefrau fälschte jedoch ein Testament zu ihren Gunsten. Nach dem gefälschten Testament wäre sie Alleinerbin und die Tochter hätte lediglich ihren Pflichtteilsanspruch in Höhe der Hälfte des gesetzlichen Erbrechts, somit in Höhe von einem Drittel. Im Zuge des Verlassenschaftsverfahrens hat die Ehegattin dann doch Selbstanzeige aufgrund der vorgenommenen Fälschung des Testaments erstattet. Das Strafverfahren wurde nach Leistung eines Geldbetrages zugunsten des Bundes schließlich diversionell beendet. Das Gericht hat in diesem Zusammenhang festgehalten, dass es der Ehegattin nicht darum ging, dem Erblasser zu seinem wirklichen Willen zu verhelfen, sondern sich ausschließlich selbst zu bereichern.

Der Oberste Gerichtshof kommt schließlich zu dem Schluss, dass auch derjenige, der kein Testament errichtet, einen letzten Willen haben kann, der vereitelt werden kann.

Der Oberste Gerichtshof unterstellt damit jeder testierfähigen Person, zum einen zu wissen, dass sie die Erbfolge durch letztwillige Verfügung regeln kann, und zum anderen über die gesetzliche Erbfolge mangels letztwilliger Verfügung Bescheid zu wissen.[78]

Der Oberste Gerichtshof kommt außerdem zu dem Ergebnis, dass eine absichtliche Vereitelung der Verwirklichung des wahren letzten Willens und somit Erbunwürdigkeit auch dann vorliegt, wenn der Verstorbene kein Testament errichtet hat und die Handlung eines Erben die gesetzliche Erbfolge beeinträchtigt, zum Beispiel durch Fälschung eines Testaments.[79]

OGH 28.01.2021, 2 Ob 174/20g

Darüber hinaus ist erbunwürdig, wer gegen gewisse Verwandte eine vorsätzlich begangene gerichtlich strafbare Handlung begangen hat, die mit mehr als einjähriger Freiheitsstrafe bedroht ist, wer dem Erblasser in verwerflicher Weise schweres seelisches Leid zugefügt hat oder sonst gegenüber dem Erblasser seine Pflichten aus dem Rechtsverhältnis zwischen Eltern und Kindern gröblich vernachlässigt hat. Allerdings kann der Erblasser dem Erbunwürdigen auch ausdrücklich verzeihen und die Erbunwürdigkeit damit beseitigen.

Für den Fall, dass der Pflichtteilsberechtigte einen „verschwenderischen" Lebensstil führt und die Gefahr besteht, dass der dem Pflichtteilsberechtigten zukommende Pflichtteil seinen Kindern entgehen würde, kann eine Enterbung durch den Erblasser „in guter Absicht" erfolgen (§ 771 ABGB).[80] Diese hat zur Folge, dass der Pflichtteil eine Generation quasi überspringt und die Nachkommen des „verschwenderischen" Pflichtteilsberechtigten zum Zug kommen.

Sollte zwischen dem Erblasser und Pflichtteilsberechtigten zu keiner Zeit bzw nicht über einen längeren Zeitraum (ca 20 Jahre) ein Naheverhältnis bestehen, welches zwischen Familienangehörigen für gewöhnlich besteht, kann darüber hinaus der Pflichtteil auf die Hälfte gemindert werden, wenn dies der Erblasser ausdrücklich gewollt hat.[81] Dies gilt jedoch nicht, wenn der Erblasser ohne Gründe den Kontakt verweigert oder selbst Gründe für den fehlenden Kontakt gesetzt hat.[82]

Berechnung des Pflichtteils

Um die Höhe des Pflichtteils feststellen zu können, muss in einem ersten Schritt die Bemessungsgrundlage eruiert werden, diese ist die „reine Verlassenschaft".[83] Die „reine Verlassenschaft" besteht aus den Aktiva minus der Passiva (dh Schulden des Erblassers und Erbfallsschulden) des Erblassers.[84]

Die Höhe des Pflichtteils beträgt die Hälfte des gesetzlichen Erbrechts.[85] Für die Berechnung des Pflichtteils muss daher primär die (hypothetische) gesetzliche Erbquote ermittelt werden.[86]

BEISPIEL

Der Erblasser hinterlässt seine Ehegattin F und einen gemeinsamen Sohn X. F wurde in einem gültig errichteten Testament zur Alleinerbin eingesetzt. Sohn X wurde auf den Pflichtteil gesetzt.

Der Pflichtteil des Sohnes X beträgt die Hälfte des gesetzlichen Erbteils. Der gesetzliche Erbteil würde 2/3 betragen. Der Pflichtteil des Sohnes X beträgt somit 1/3.

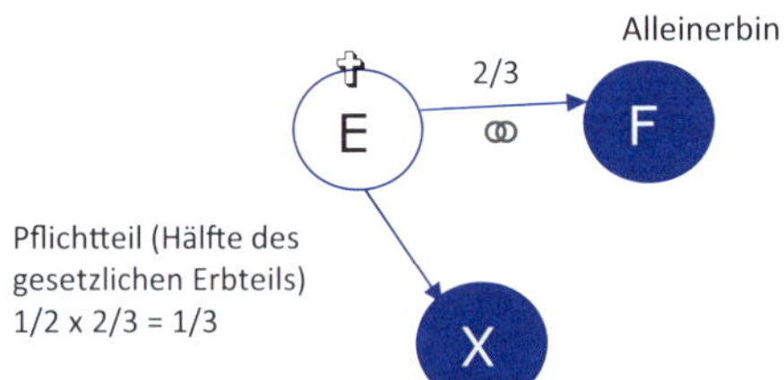

Deckung des Pflichtteils

Die Deckung des Pflichtteils kann seit dem ErbRÄG 2015 grundsätzlich sehr flexibel gestaltet werden. Zwar ist grundsätzlich vorgesehen, dass der Pflichtteil in Geld besteht (§ 761 ABGB), jedoch kann dieser ausdrücklich auch durch Zuwendungen des Erblassers (unter Lebenden oder auf den Todesfall) gedeckt werden.[87] Der Anspruch der pflichtteilsberechtigten Person besteht daher darauf, eine den Wert seines Pflichtteils abdeckende Zuwendung zu erlangen.[88] Eine pflichtteilsberechtigte Person muss sich sämtliche Zuwendungen, die sie entweder letztwillig (in Form eines Erbteils, Vermächtnisses bzw einer Schenkung auf den Todesfall) oder zu Lebzeiten schenkungsweise erhalten hat, auf den Pflichtteil anrechnen lassen.[89] Es gibt keine Zuwendung, die zur Pflichtteilsdeckung per se ungeeignet ist.[90] So eignet sich zur Pflichtteilsdeckung insbesondere eine Begünstigtenstellung in einer Privatstiftung, ein vinkulierter Geschäftsanteil, aber auch ein Sparbuch. Fraglich ist jedoch, ob beispielsweise eine lebenslängliche Rente geeignet ist, den Pflichtteil zu decken (Spannungsverhältnis zur Stundung, die nur auf maximal fünf bzw zehn Jahre möglich ist).[91]

Erst, wenn der pflichtteilsberechtigten Person zu Lebzeiten des Erblassers oder von Todes wegen nichts oder nicht genug zugewendet wird, kommt dieser Person gegenüber der Verlassenschaft bzw nach Einantwortung gegenüber den Erben ein Anspruch auf den sogenannten Geldpflichtteil oder einen Pflichtteilsergänzungsanspruch zu (§§ 761 ff ABGB).[92]

Fälligkeit, Stundung und Verjährung des Pflichtteils

Der Erwerb des Pflichtteilsanspruches erfolgt mit dem Tod des Erblassers (§ 765 Abs 1 ABGB).[93] Allerdings gilt für den auf Geld lautenden Pflichtteilsergänzungsanspruch, dass dieser erst ein Jahr nach dem Tod des Erblassers gefordert werden kann (§ 765 Abs 2 ABGB).[94]

Zusätzlich besteht die Möglichkeit, den Pflichtteilsanspruch zu stunden bzw eine Ratenzahlung für einen Zeitraum von bis zu fünf Jahren vorzusehen (§§ 766 ff ABGB).[95] Der Erblasser kann einerseits im Rahmen einer letztwilligen Verfügung eine Stundung von bis zu fünf Jahren letztwillig anordnen. Andererseits kann das Gericht in besonders berücksichtigungswürdigen Fällen die Pflichtteilsstundung für einen Zeitraum von bis zu zehn Jahren anordnen.[96] Achtung: Bei der Stundung von Pflichtteilen können bis zur Zahlung des Pflichtteiles Verzugszinsen in der Höhe von 4% pa anfallen, welche jedoch steuerlich nicht geltend gemacht werden können.[97]

Der Pflichtteilsanspruch verjährt innerhalb von drei Jahren, sobald alle anspruchsbegründenden Tatsachen bekannt sind. In der Lehre wird zum Teil vertreten, dass die Verjährungsfrist jedenfalls erst mit Eintritt der Fälligkeit des Pflichtteilsanspruchs, somit erst nach Ablauf der Jahresfrist zu laufen beginnt.[98] Nach dem Obersten Gerichtshof schiebt die Jahresfrist nur die Leistungspflicht des Erben, jedoch nicht die Einklagbarkeit des Pflichtteils hinaus.[99] Daraus könnte geschlussfolgert werden, dass die Verjährungsfrist von drei Jahren bereits vor der Jahresfrist zu laufen beginnt.

Unabhängig davon gilt eine kenntnisunabhängige Verjährungsfrist von 30 Jahren ab dem Tod des Erblassers.

PRAXISTIPP

Aus Sicht des Pflichtteilsberechtigten (und aus anwaltlicher Vorsicht) empfiehlt es sich, die Einbringung einer Pflichtteilsklage innerhalb von drei Jahren ab dem Tod des Erblassers vorzunehmen.

AKTUELLE JUDIKATUR

Der Oberste Gerichtshof hielt jedoch fest, dass der Ablauf der Verjährungsfrist für einen Pflichtteilsanspruch während der Dauer eines Erbrechtsverfahrens (Streit über das Erbrecht) gehemmt ist. Das bedeutet, dass trotz Ablauf von über drei Jahren seit dem Verjährungsbeginn keine Verjährung bei aufrechtem Erbrechtsstreit eintritt. Die Verjährung wird verhindert, wenn nach Rechtskraft des Beschlusses über das Erbrecht (im gegenständlichen Fall die Abweisung der Erbrechtsklage) unverzüglich – binnen angemessener Frist – die Pflichtteilsklage erhoben wird. Als „unverzüglich" wurde im gegenständlichen Fall die Einbringung der Pflichtteilsklage 26 Tage nach Eintritt der Rechtskraft des Beschlusses über das Erbrecht angesehen.

OGH 25.03.2021, 2 Ob 35/21t

Hinzu- und Anrechnungen von Schenkungen

Eine pflichtteilsberechtigte Person kann verlangen, dass Schenkungen, die der Erblasser in den letzten beiden Jahren vor seinem Tod an nicht pflichtteilsberechtigte Personen gemacht hat, der Bemessungsgrundlage des Pflichtteils hinzuzurechnen sind (§ 782 ABGB).[100] Schenkungen des Erblassers an pflichtteilsberechtigte Personen unterliegen hingegen der unbefristeten Hinzurechnung, die sowohl von anderen pflichtteilsberechtigten Personen als auch von den Erben verlangt werden kann (§ 783 ABGB).[101] Außerdem sind diese Schenkungen an pflichtteilsberechtigte Personen bei der Bemessung der Pflichtteile der jeweiligen beschenkten Person anzurechnen. Es kommt für die unbefristete Anrechnung auf die abstrakte Pflichtteilsberechtigung zum Schenkungs- als auch zum Todeszeitpunkt des Erblassers an.[102] Die Hinzu- und Anrechnung von Schenkungen erfolgt technisch so, dass der Wert der Zuwendung der Verlassenschaft hinzugerechnet und auf den Pflichtteil der beschenkten Person angerechnet wird.[103]

Von der Schenkungsanrechnung ausgenommen sind jedoch getätigte Schenkungen des Erblassers zu gemeinnützigen Zwecken, aus seinen Einkünften ohne Schmälerung des Stammvermögens oder in Entsprechung einer sittlichen Pflicht bzw Gründen des Anstandes (§ 784 ABGB).[104]

Die Bewertung von Schenkungen bei der Hinzu- und Anrechnung erfolgt seit dem ErbRÄG 2015 einheitlich zum Schenkungszeitpunkt.[105] Das setzt jedoch die Nachweisbarkeit des Wertes des Schenkungsgegenstandes im Schenkungszeitpunkt voraus, was in der Praxis regelmäßig mit Schwierigkeiten verbunden ist und ein enormes Konfliktpotenzial birgt. Ohne Bewertungsgutachten kann der Wert der erfolgten Schenkungen (Geschäftsanteile, Liegenschaften) zum Schenkungszeitpunkt oftmals nicht festgestellt werden.

Dieser Wert ist sodann auf den Todeszeitpunkt nach einem von der Statistik Austria verlautbarten Verbraucherpreisindex anzupassen.[106]

PRAXISTIPP

Die nachträgliche Bewertung ist bei der Pflichtteilsberechnung regelmäßig mit Konflikten verbunden, weshalb die Einholung eines Bewertungsgutachtens bei einem zertifizierten Sachverständigen zum Schenkungszeitpunkt ratsam ist. Außerdem können (uU ohnehin gebotene) Schenkungsmeldungen zur Wertermittlung bzw zu Dokumentationszwecken hilfreich sein.

AKTUELLE JUDIKATUR

In der Praxis werden Liegenschaftsschenkungen häufig mit der Einräumung eines Wohnungsgebrauchsrechts oder Fruchtgenussrechts verbunden. Der Oberste Gerichtshof hat trotz der geänderten Rechtslage (Schenkungen wurden früher zum Zeitpunkt des Erbanfalls bewertet) an seiner bisherigen Rechtsprechung festgehalten, wonach das Wohnungsgebrauchsrecht (unabhängig von der tatsächlichen Benützungsdauer) nicht als Wertminderung bei der Berechnung von Pflichtteilsansprüchen zu berücksichtigen sei. Der Wert eines vom Erblasser bei der Übergabe einer Liegenschaft vorbehaltenen lebenslangen Wohngebrauchsrechts mindert demnach den Liegenschaftswert zwar im Zeitpunkt der Schenkung erheblich, ist aber bei der Bemessung des Pflichtteils außer Ansatz zu lassen, weil im Übergabezeitpunkt mit völliger Sicherheit feststehe, dass im Zeitpunkt des Erbanfalls die Belastung wegfällt.

Trotz des Widerspruchs zur geltenden Rechtslage (wonach nunmehr der Wert im Schenkungszeitpunkt heranzuziehen ist), sollte daher bei der Nachfolgeplanung die Überlegung miteinbezogen werden, dass eingeräumte Belastungen wie

Wohnungsgebrauchsrechte oder Fruchtgenussrechte bei der Bewertung der Schenkung in Hinblick auf die Hinzu- und Anrechnung auf den Pflichtteilsanspruch nicht mindernd abzuziehen sind.

OGH 26.05.2020, 2 Ob 64/19d; bestätigt in OGH 25.02.2021, 2 Ob 124/20d

BEISPIEL

Der Erblasser hat zwei Kinder X und Y. Kind X erhält zu Lebzeiten einen Betrag von EUR 30.000 geschenkt. Die Lebensgefährtin wird in einem gültig errichteten Testament zur Alleinerbin eingesetzt. Der Wert der Verlassenschaft beträgt EUR 200.000.

Schritt 1: Berechnung des gesetzlichen Erbteils der Kinder (jeweils die Hälfte der Verlassenschaft): jeweils EUR 100.000. Die Lebensgefährtin hat weder ein gesetzliches Erbrecht, noch ist sie pflichtteilsberechtigt.

Schritt 2: Berechnung des Pflichtteilsanspruches der Kinder (1/2 des gesetzlichen Erbteils): jeweils EUR 50.000.

Schritt 3: Hinzurechnung der Schenkung von Kind X: Wert der Verlassenschaft EUR 200.000 zuzüglich erfolgter Schenkung von EUR 30.000. Neue Bemessungsgrundlage für die Berechnung der Pflichtteile: EUR 230.000.

Schritt 4: Berechnung der neuen Pflichtteile der Kinder:

- ➜ Neuer gesetzlicher Erbteil: 1/2 von EUR 230.000: jeweils EUR 115.000
- ➜ Neuer Pflichtteil: 1/2 vom gesetzlichen Erbteil: jeweils EUR 57.500
- ➜ Kind X erhält EUR 57.500 abzüglich der Anrechnung der Schenkung von EUR 30.000, sohin EUR 27.500 anstelle von EUR 50.000
- ➜ Kind Y erhält EUR 57.500 anstelle von EUR 50.000

Die Lebensgefährtin erhält den Rest der Verlassenschaft als Alleinerbin (EUR 200.000 – EUR 85.000), also EUR 115.000. Sie profitiert als Erbin somit auch von der Hinzu- und Anrechnung im gegenständlichen Fall und ist auch berechtigt, diese zu fordern.

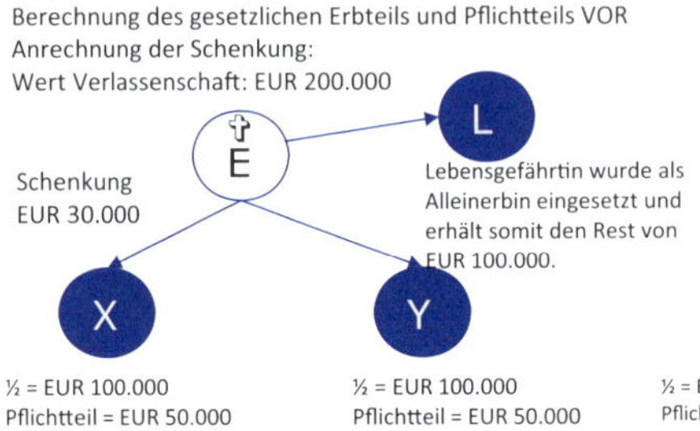

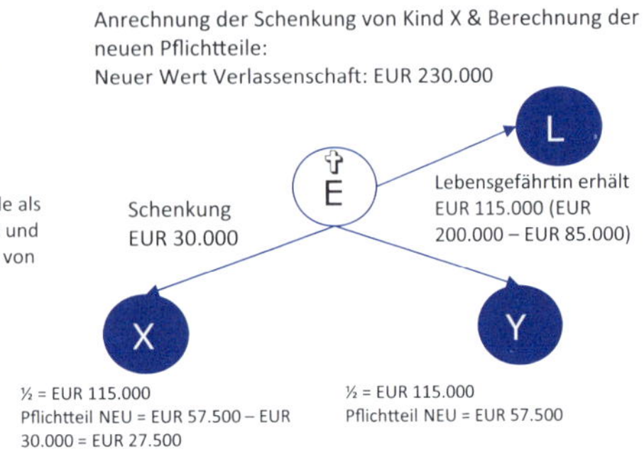

Die Erbengemeinschaft

Mehrere Erben bilden vor der Einantwortung (vor der Gesamtrechtsnachfolge durch den Erben) von Gesetzes wegen eine Erbengemeinschaft (§ 550 ABGB). Der Berufungsgrund der Erbenstellung (Testament, gesetzliche Erbfolge, Erbvertrag) ist dabei unerheblich.[107] Auch nach der Einantwortung besteht diese Erbengemeinschaft in Form des Miteigentums fort, sofern keine abweichende Vereinbarung getroffen wurde. Dh sämtliche Vermögensgegenstände werden quotenmäßig zwischen den Miterben aufgeteilt.[108] Die Anteile bemessen sich an den Erbteilen.[109]

Als Ausfluss der Erbengemeinschaft wird auch die Vertretung der Verlassenschaft während der Dauer des Verlassenschaftsverfahrens grundsätzlich von sämtlichen Miterben gemeinsam ausgeübt, was regelmäßig großes Konfliktpotenzial birgt. Die Vertretungsbefugnis kann einem einzelnen Erben übertragen werden, sofern die Miterben damit einverstanden sind. Für den Fall, dass keine Einigung zwischen den Erben besteht oder widerstreitende Erbantrittserklärungen abgegeben wurden, hat das Verlassenschaftsgericht einen Verlassenschaftskurator zu bestellen, was regelmäßig mit negativen Konsequenzen verbunden ist (zeit- und kostenintensiv).[110]

Den Erben steht die Möglichkeit offen, ein sogenanntes Erbteilungsübereinkommen abzuschließen. Dieses kann vor oder nach der Einantwortung abgeschlossen werden. Dadurch können Miterben ihre Rechtsbeziehungen, soweit nicht in Rechte dritter Personen eingegriffen wird, nach ihren Wünschen regeln. Die Miterben sind weder an Erbteilungsanordnungen des Erblassers noch an dessen Teilungsverbote gebunden, wenn das Erbteilungsübereinkommen von sämtlichen Miterben abgeschlossen wird.[111] Sofern die Teilungsanordnung bzw Teilungsverbote als Auflagen vom Erblasser vorgesehen wurden, sind diese jedoch auch für die Miterben verbindlich.[112] Die den Miterben zukommenden Rechte und Pflichten richten sich nach der Auslegung des Erbteilungsübereinkommens.[113]

PRAXISTIPP

Das Erbteilungsübereinkommen kann gerichtlich (vor dem Verlassenschaftsgericht bzw Gerichtskommissär) oder außergerichtlich abgeschlossen werden. Der Abschluss eines außergerichtlichen Erbteilungsübereinkommens ist gebührenpflichtig. Es empfiehlt sich daher, das Erbteilungsübereinkommen vor dem Verlassenschaftsgericht bzw Gerichtskommissär abzuschließen, um Vergleichsgebühren zu vermeiden.

Um Konflikten in Bezug auf die Vertretung der Erben in der Verlassenschaft vorzubeugen, ist es unter Umständen angeraten, eine vom Erblasser errichtete Vorsorgevollmacht auf den Todesfall zu erstrecken oder eine postmortale Vollmacht zu errichten, um eine einheitliche Verlassenschaftsabwicklung zu gewährleisten.[114]

Möglichkeiten der gewillkürten und vorweggenommenen Erbfolge

Um die gesetzliche Erbfolge mit all ihren Folgen (zB das Entstehen von Miteigentum an sämtlichen Vermögensgegenständen der Verlassenschaft) zu vermeiden, empfiehlt es sich, rechtzeitig vorzusorgen. Jedoch stellt das Testament (bzw die letztwillige Verfügung) nicht die einzige Möglichkeit der gewillkürten Erbfolge dar. Im Folgenden werden die verschiedenen Möglichkeiten der gewillkürten und vorweggenommen Erbfolge (zu Lebzeiten) vorgestellt.

Testament

Ein Testament ist die jederzeit widerrufbare, einseitige Anordnung des Erblassers darüber, wer seine Rechtsnachfolge antreten soll bzw an wen seine Vermögenswerte mit Ableben gehen sollen. Ein Testament enthält demnach eine Erbeinsetzung.[115] Es handelt sich hierbei um die autonome Entscheidung des Erblassers, welche Person bzw Personen in seine Fußstapfen treten soll(en) und somit zu seiner Gesamtrechtsnachfolge (Übergang sämtlicher Rechte und Pflichten) berufen wird bzw werden. Neben der Erbeinsetzung können im selben Testament noch vielfältige weitere Anordnungen getroffen werden (beispielsweise Vermächtnisse).[116] Eine letztwillige Verfügung, die keine Erbeinsetzung enthält, ist kein Testament, sondern wird schlicht „letztwillige Verfügung" genannt.[117]

Vermächtnis

Als Vermächtnis gelten Zuwendungen des Erblassers von Todes wegen, die keine Erbeinsetzung darstellen.[118] Es kommt somit nicht zur Gesamtrechtsnachfolge, sondern es werden lediglich einzelne Gegenstände weitergegeben (Einzelrechtsnachfolge) (§ 535 ABGB). Ein Vermächtnis wird übertragen, wenn es in einer gültigen letztwilligen Verfügung, einem Erbvertrag oder einem Vermächtnisvertrag „vermacht" wird (§ 647 ABGB).[119]

Als Vermächtnis kommen sowohl Sachen (wie etwa Liegenschaften, Autos, Schmuck, GmbH-Anteile etc) als auch Forderungen, Schulden oder übertragbare dingliche Rechte in Betracht.[120]

Sofern der Erblasser keine genauen Anordnungen in Bezug darauf, wer das Vermächtnis zu erfüllen hat, getroffen hat, ist der Erbe bzw sind bei Mehrzahl die Erben im Verhältnis der Erbquoten Vermächtnisschuldner.[121] Jedoch kann der Erblasser auch einen Vermächtnisnehmer oder eine dritte Person zur Erfüllung eines Vermächtnisses verpflichten.[122]

Dem Vermächtnisnehmer kommt – im Gegensatz zum Erben – lediglich ein schuldrechtlicher Anspruch auf das Vermächtnis zu, dh der Begünstigte erwirbt nicht automatisch mit dem Ableben des Erblassers Eigentum. Zum Eigentumserwerb bedarf es bei beweglichen Sachen der Übergabe und bei Liegenschaften der Einverleibung ins Grundbuch.[123]

Wenn der Vermächtnisnehmer zugleich Erbe sein sollte, kann ein Voraus- oder ein Hineinvermächtnis gewollt sein. Bei einem Vorausvermächtnis wird dieses zusätzlich zum Erbteil des Erben zugewendet, bei einem Hineinvermächtnis erfolgt dagegen die Anrechnung auf den Erbteil.[124] Im Zweifel ist ein Vorausvermächtnis anzunehmen (§ 648 ABGB).[125]

Der Vermächtnisnehmer erwirbt das Recht auf das Vermächtnis mit Ableben des Erblassers. Hierzu bedarf es keiner Erklärung einer Annahme.[126] Sofern nichts Abweichendes in der letztwilligen Verfügung geregelt ist, wird das Vermächtnis auch zu diesem Zeitpunkt fällig. Lediglich bei Vermächtnissen, die in Geld oder in Sachen bestehen, die sich nicht in der Verlassenschaft befinden, ist eine Geltendmachung erst ein Jahr nach Ableben möglich. Qualifiziert wird dies jedoch als „reine" Stundung, weshalb gesetzliche Zinsen (in der Höhe von 4% pa) bereits ab dem Zeitpunkt des Ablebens des Erblassers anfallen, sofern nichts Gegenteiliges geregelt ist.[127]

Exkurs: Pflegevermächtnis

Mit dem ErbRÄG 2015 wurde das Pflegevermächtnis eingeführt. Das bedeutet: Nahe Angehörige haben einen Anspruch auf ein Pflegevermächtnis zur Abgeltung erbrachter Pflegeleistungen (§§ 677 f ABGB). Es handelt sich um ein gesetzliches Vermächtnis und muss vom Erblasser nicht angeordnet werden. Der Anspruch besteht in Geld. Anspruchsberechtigt sind nahestehende Personen des Erblassers. Nach der gesetzlichen Definition sind das die gesetzlichen Erben des Erblassers sowie deren Ehegatten, eingetragene Partner, Lebensgefährten und deren Kinder sowie der Lebensgefährte des Erblassers und dessen Kinder.[128] Sohin ist beispielsweise der Lebensgefährte der Cousine, der Stiefsohn oder auch die Schwiegertochter berechtigt, ein gesetzliches Pflegevermächtnis zu fordern. Nicht anspruchsberechtigt sind Nachbarn, Pflegekinder, Schwiegereltern und externe Pflegekräfte.[129]

Der Anspruch kann auch mehreren Personen zustehen, sofern jede der Personen die Anspruchsvoraussetzungen erfüllt.[130]

Der Anspruch entsteht, wenn der Erblasser in den letzten drei Jahren vor seinem Tod mindestens sechs Monate in nicht bloß geringfügigem Ausmaß gepflegt wurde. Unter Pflege wird jede notwendige Betreuung und Hilfe verstanden, um ein bedürfnisorientiertes Leben zu führen.[131] Ein nicht bloß geringfügiges Ausmaß liegt bereits vor, wenn Pflegeleistungen von durchschnittlich mehr als 20 Stunden pro Monat erbracht werden.[132] Der Bezug von Pflegegeld ist nicht entscheidend. Eine ununterbrochene Pflege über sechs Monate ist nicht notwendig, sofern der Zeitraum durch Zusammenrechnung innerhalb der Dreijahresfrist erfüllt ist. Hinsichtlich der Höhe des Anspruchs sieht das Gesetz vor, dass sich das Pflegevermächtnis nach Art, Dauer und Umfang der Leistungen richtet. In der Lehre wird die Ansicht vertreten, dass der Nutzen für die Bemessung ausschlaggebend ist, der in der Regel darin liegt, dass eine andere Arbeitskraft für die verrichteten Tätigkeiten „eingespart" werden kann. Nach der Rechtsprechung soll dem Angehörigen keine hohe marktübliche Entlohnung einer Pflegefachkraft zukommen. Dies liegt daran, dass die Leistungen innerhalb der Familie erbracht werden. Sollte die Pflege jedoch eher einem Arbeitsverhältnis ähneln, können die kollektivvertraglichen Gehälter als Richtwert herangezogen werden. Für die Bemessung des Anspruchs ist der Wert der Verlassenschaft und die Höhe des Pflegegelds nicht maßgeblich.[133]

Sollten die Pflegeleistungen bereits zu Lebzeiten des Erblassers abgegolten sein, gilt das Pflegevermächtnis subsidiär und nur im Ausmaß des Differenzbetrages.[134] Das Pflegevermächtnis kann vom Anspruchsberechtigten ausgeschlagen werden. Weder der Abschluss eines Erb- noch Pflichtteilsverzichts erstreckt sich im Zweifel auf das Pflegevermächtnis.[135]

Erbvertrag

Im Rahmen eines Erbvertrages können sich Ehegatten (und nur diese!) gegenseitig oder auch nur ein Ehegatte den anderen Ehegatten unwiderruflich als Erben berufen (§ 1249 ABGB). Ein Erbvertrag bedarf der Form eines Notariatsaktes und es müssen zusätzlich die Formvorschriften einer letztwilligen Verfügung eingehalten werden.[136] Die Unwiderruflichkeit des Erbvertrages hindert die Ehegatten nicht an lebzeitigen Verfügungen über das Vermögen. Ein Erbvertrag hat aber die Wirkung, dass zeitlich später verfasste letztwillige Verfügungen, wenn diese für den Ehegatten nachteilig sind, ihm gegenüber nicht wirksam sind (da das zweiseitige Rechtsgeschäft stärker als das einseitige ist).[137]

Charakteristisch für den Erbvertrag ist, dass dieser lediglich Dreiviertel des Vermögens der künftigen Verlassenschaft umfassen kann. Das übrige „freie" bzw „reine" Viertel des Vermögens kann daher nicht im Erbvertrag geregelt werden, was ein gewisses Restrisiko zur Folge hat, da die Gefahr besteht, dass „zu viel" des Vermögens im Wege des Erbvertrages übertragen wird.[138]

In der Praxis führt dies oft zu Schwierigkeiten, da man ja normalerweise nicht weiß, wann man verstirbt und wie hoch das eigene Vermögen im Todeszeitpunkt sein wird. Dementsprechend ist auch im Vorhinein meist unklar, wie hoch das freie Viertel sein muss.

Folge der Nichtbeachtung des freien Viertels sind regelmäßig Ausgleichszahlungen an die Verlassenschaft.[139]

Schenkung auf den Todesfall

Bei einer Schenkung auf den Todesfall handelt es sich grundsätzlich um einen Vertrag unter Lebenden,[140] welcher erst nach dem Tod des Geschenkgebers erfüllt wird (§ 603 ABGB).[141]

Der Gegenstand einer Schenkung auf den Todesfall kann grundsätzlich alles sein, was auch Gegenstand einer Schenkung unter Lebenden sein kann.[142] Auch zukünftiges Vermögen kann grundsätzlich umfasst sein, jedoch nur höchstens bis zur Hälfte dieses Vermögens (§ 944 ABGB).[143]

Als Voraussetzung der Schenkung auf den Todesfall gilt, dass sich der Geschenkgeber kein Widerrufsrecht im Rahmen des Vertrages vorbehalten hat.[144]

Die Konsequenz eines unzulässigen Widerrufsvorbehalts ist die Ungültigkeit des Schenkungsvertrages auf den Todesfall.[145] Im Rahmen des Vertrages dürfen auch keine Bedingungen vorkommen, deren Erfüllung vom Geschenkgeber gesteuert werden kann, da hierdurch das Verbot des Widerrufsvorbehalts umgangen werden könnte.[146] Daraus resultiert auch die Besonderheit des Schenkungsvertrages auf den Todesfall im Vergleich zu anderen Möglichkeiten der gewillkürten Erbfolge (etwa einem Testament oder einem Vermächtnis), da dieser nicht einseitig und jederzeit vom Erblasser widerrufen werden kann.[147] Man ist somit zu Lebzeiten daran gebunden und kann über den Schenkungsgegenstand nicht mehr frei verfügen. Als einzige Ausnahme gilt, dass eine Schenkung auf den Todesfall bei Vorliegen von Dürftigkeit bzw groben Undanks widerrufen werden kann (§§ 947 ff ABGB).[148]

Der Schenkungsvertrag auf den Todesfall kann eine Überlebensbedingung vorsehen, wonach der Geschenknehmer den Geschenkgeber überleben muss.[149] Verstirbt somit der Geschenknehmer vor dem Geschenkgeber, fällt das Geschenk an den Geschenkgeber zurück und nicht etwa in die Verlassenschaft des Geschenknehmers.

PRAXISTIPP

Eine Überlebensbedingung ist insbesondere dann ratsam, wenn der Gegenstand der Schenkung nicht auf die Erben des Geschenknehmers im Falle des Vorablebens des Geschenknehmers übergehen soll und der Geschenkgeber in diesem Fall möchte, dass der Gegenstand wieder an ihn zurückfällt.

Hinsichtlich der Formvorschriften gilt, dass der Schenkungsvertrag auf den Todesfall zu seiner Gültigkeit eines **Notariatsaktes** bedarf.[150]

Weitere Voraussetzung für die Gültigkeit eines Schenkungsvertrages auf den Todesfall ist die Annahme des Schenkungsgegenstandes durch den Geschenknehmer.[151] Da sich die Notariatsaktsform auf das gesamte Rechtsgeschäft beziehen muss, muss auch die Annahme der Schenkung im Rahmen des Notariatsaktes erfolgen.[152]

Wie beim Erbvertrag gilt auch beim Schenkungsvertrag auf den Todesfall, dass ein reines Viertel des Vermögens des Erblassers, welches nicht durch Pflichtteile oder andere Forderungen belastet ist, diesem zur freien letztwilligen Verfügung stehen muss.[153] Daraus folgt, dass eine Schenkung auf den Todesfall grundsätzlich nur Dreiviertel des Vermögens des Erblassers zum Todeszeitpunkt umfassen darf.[154] Sollte das reine Viertel durch die Schenkung überschritten worden sein, muss der Geschenknehmer mit einer Kürzung bzw einer Ausgleichszahlung rechnen.[155]

PRAXISTIPP

Um eine solche Ausgleichszahlung der Erben zu vermeiden, könnte im Zuge der Ausgestaltung des Schenkungsvertrages auf den Todesfall angedacht werden, dass der Erblasser dem Geschenknehmer den Schenkungsgegenstand zusätzlich mittels Vermächtnis überträgt.

Theoretisch wäre es möglich, dass der Erblasser trotz Abschlusses eines Schenkungsvertrages auf den Todesfall Verfügungen über den Schenkungsgegenstand treffen kann, obwohl er das nicht darf.

PRAXISTIPP

Bei Liegenschaften empfiehlt sich eine grundbücherliche Absicherung des Schenkungsvertrages auf den Todesfall durch die Eintragung eines Belastungs- und Veräußerungsverbots oder die Eintragung eines Vorkaufsrechts im Grundbuch zugunsten des Geschenknehmers.[156]

Beim Belastungs- und Veräußerungsverbot gilt es jedoch zu beachten, dass eine Verbücherung im Grundbuch nur zugunsten von Ehegatten, eingetragenen Partnern, Eltern, Kindern, Wahl- oder Pflegekindern oder deren Ehegatten bzw eingetragenen Partnern möglich ist. Eine Einverleibung eines Belastungs- und Veräußerungsverbotes zwischen Geschwistern ist daher nicht möglich.

Sofern eine Liegenschaft auf den Todesfall geschenkt werden soll, empfiehlt es sich außerdem, das Grundverkehrsgesetz des jeweiligen Bundeslandes zu prüfen und zu eruieren, ob die Einholung einer etwaigen Bescheinigung / Genehmigung erforderlich ist. Andernfalls drohen erhebliche Verwaltungsstrafen.

Schenkung zu Lebzeiten (vorweggenommene Erbfolge)

Die lebzeitige Schenkung stellt eine Möglichkeit der vorweggenommenen Erbfolge zu Lebzeiten dar (§§ 938 ff ABGB). Wie bei der Schenkung auf den

Todesfall kann grundsätzlich jede Sache dem Geschenknehmer unentgeltlich überlassen werden und bedarf einer Annahme durch den Geschenknehmer. Hierbei sind insbesondere die Formvorschriften beachtlich, nämlich entweder die wirkliche Übergabe des Schenkungsgegenstandes oder die Errichtung eines Notariatsaktes.[157] Die wirkliche Übergabe ist als Übergabe „Hand zu Hand" im übertragenen Sinne zu verstehen. Letztendlich muss die Sache derart übergeben werden, dass sie tatsächlich oder nach der Verkehrsauffassung in den Gewahrsam des Übernehmers gelangt.[158] Beispielsweise die Einzahlung eines Geldbetrages auf ein Konto.

Eine Schenkung ist grundsätzlich unwiderruflich, kann allerdings beispielsweise aus Gründen wie grobem Undank vom Geschenkgeber widerrufen werden. Ein Schenkungswiderruf kann – im Unterschied zum Schenkungsvertrag auf den Todesfall – vertraglich vereinbart werden.[159]

PRAXISTIPP

Bei lebzeitigen Schenkungen ist es ratsam, im Hinblick auf die Bewertung zukünftiger Pflichtteile den Wert des Schenkungsgegenstandes im Schenkungszeitpunkt zu ermitteln und zu dokumentieren. Außerdem darf auf eine etwaig gebotene Schenkungsmeldung nicht vergessen werden.

Erb- und Pflichtteilsverzicht

Der Erbverzicht ist ein zu Lebzeiten des Erblassers abgeschlossenes Rechtsgeschäft mit dem Erbberechtigten (§ 551 ABGB). Gegenstand des Rechtsgeschäfts ist die erbrechtliche Anwartschaft des Erbberechtigten.[160]

Der Erbverzicht ist grundsätzlich notariatsaktspflichtig, kann jedoch auch in Form eines gerichtlichen Protokolls errichtet werden.[161]

Ein Erbverzicht nimmt dem Erblasser nicht die Möglichkeit, dem Verzichtenden dennoch letztwillig etwas zukommen zu lassen.[162] Der Verzicht kann in Bezug auf das testamentarische und auf das gesetzliche Erbrecht oder auf beide Berufungsgründe abgegeben werden. Ein teilweiser Verzicht, wie beispielsweise in Bezug auf eine bestimmte Quote des Erbrechts, ist ebenso möglich.[163]

Darüber hinaus besteht auch die Option, lediglich auf den Pflichtteil zu verzichten.[164] Wird jedoch ein allgemeiner Verzicht auf das zukünftige Erbrecht abgegeben, ist hiervon auch das Pflichtteilsrecht umfasst.[165] Weiters kann der Verzicht unter einer auflösenden bzw aufschiebenden Bedingung abgegeben werden.[166]

Ist im Verzichtsvertrag nichts Abweichendes geregelt, erstreckt sich die Wirkung eines Erb- bzw Pflichtteilsverzichts auch auf die Nachkommen des Verzichtenden.[167] Soll sich der Erb- bzw Pflichtteilsverzicht nicht auf die Nachkommen des Verzichtenden erstrecken, muss dies klar im Verzichtsvertrag geregelt sein.

PRAXISTIPP

Der Pflichtteilsverzicht ist gerade bei vorweggenommenen Nachfolgeplanungen (vor allem in der Unternehmensnachfolge) ein probates Mittel, um zukünftigen Streitigkeiten in der Familie vorzubeugen. Der Verzicht kann auch als Teilpflichtteilsverzicht ausgestaltet werden und zB nur die Hinzu- und Anrechnung einer bestimmten Schenkung betreffen.

Lebensversicherungen

Eine weitere Option der gewillkürten Erbfolge stellt die Möglichkeit des Abschlusses einer Lebensversicherung dar. Die Versicherungssumme fällt nicht in die Verlassenschaft, sondern kommt der begünstigten Person direkt zu.[168] Die Begünstigung aus einer Lebensversicherung ist ebenfalls zur Pflichtteilsdeckung geeignet. Es kann somit zu einer An- und Hinzurechnung auf den Pflichtteil kommen.[169]

PRAXISTIPP

Es empfiehlt sich, die Bezugsberechtigten aus einer Lebensversicherung in regelmäßigen Zeitabständen zu überprüfen, um sicherzustellen, dass diese den aktuellen Lebensverhältnissen (zum Beispiel nach einer Scheidung) entsprechen.

Testierfähigkeit

Im Zivilrecht wird grundsätzlich zwischen der Handlungsfähigkeit, der Geschäftsfähigkeit, der Entscheidungsfähigkeit sowie der Testierfähigkeit (§§ 566 ff ABGB) unterschieden.

Um die Testierfähigkeit und deren Bedeutung daher besser erfassen zu können, sind zunächst die übrigen Fähigkeiten zu ermitteln.

Unter **Handlungsfähigkeit** wird die Fähigkeit verstanden, sich im jeweiligen rechtlichen Zusammenhang durch eigenes Handeln zu berechtigen und zu verpflichten (§ 24 ABGB). Die **Entscheidungsfähigkeit** (§ 24 ABGB) beschreibt dagegen die faktische Kenntnis einer Person.[170] Für das Vorliegen der Entscheidungsfähigkeit bedarf es dreier Voraussetzungen: erstens der Fähigkeit, die Folgen des Handelns im jeweiligen Zusammenhang zu verstehen, zweitens, seinen Willen danach zu bestimmen, und drittens, sich entsprechend zu verhalten.[171]

Geschäftsfähigkeit ist dagegen gegeben, wenn man sich durch eigenes Handeln rechtsgeschäftlich berechtigen und verpflichten kann (§ 865 ABGB). Die Geschäftsfähigkeit bestimmt sich zum einen durch den konkreten Geisteszustand sowie zum anderen durch das erreichte Lebensalter. Sie ist als Unterbegriff der Handlungsfähigkeit zu werten.[172]

Getrennt von dieser allgemeinen Geschäftsfähigkeit ist die **Testierfähigkeit** zu beurteilen. Grundsätzlich wird an die Bejahung der Geschäftsfähigkeit bei Rechtsgeschäften zu Lebzeiten ein strengerer Maßstab als an die Bejahung der Testierfähigkeit gelegt.[173] Es kann somit durchaus vorkommen, dass ein an sich Geschäftsunfähiger noch testierfähig ist.

Definiert wird die Testierfähigkeit als Befähigung, die Bedeutung und Folgen seiner letztwilligen Verfügung zu verstehen und sich entsprechend verhalten zu können. Das Erfordernis des Verstehens bedeutet, dass dem Erblasser klar sein muss, dass er eine letztwillige Verfügung errichtet und welche Anordnungen er in Bezug auf sein Vermögen setzt bzw welchen Inhalt seine letztwillige Verfügung hat.[174] Es ist allerdings nicht erforderlich, dass sich der Erblasser über die Tragweite sämtlicher Anordnungen in jedweder Auswirkung bewusst ist.[175]

Bei volljährigen Personen beseitigt daher nicht jegliche geistige Erkrankung, Schwächung der Wahrnehmung bzw Abnahme der geistigen Fähigkeiten die Testierfähigkeit. Vielmehr werden grundsätzlich die kognitiven Fähigkeiten einer 14-jährigen Person als Anforderungsmaßstab für die Testierfähigkeit herangezogen.[176] Wichtig ist hierbei jedoch, dass der Erblasser in seiner Willensbildung frei ist.[177]

Sofern die Testierfähigkeit bei Errichtung der letztwilligen Verfügung nicht vorliegt, ist das Testament nicht gültig errichtet.[178] Denjenigen, der die Testierfähigkeit bestreitet, trifft auch die Beweislast in einem zivilgerichtlichen Verfahren.[179] Meist werden dies etwa die gesetzlichen Erben sein, sofern andere Personen als Testamentserben vorgesehen sind. Jedoch müssen wiederum die Testamentserben nachweisen, dass die letztwillige Verfügung gültig und in einem „lichten Augenblick" des Erblassers errichtet wurde.[180]

AKTUELLE JUDIKATUR

Zwar nicht zur Testierfähigkeit, jedoch zur Entscheidungsfähigkeit hielt der Oberste Gerichtshof Folgendes fest:

Ein naher zeitlicher Konnex zwischen Errichtung und Wirksamwerden der Vorsorgevollmacht (Eintritt des Vorsorgefalls und entsprechender Registrierung) kann kritisch sein. Ein zu kurzer Zeitraum hat die Indizwirkung, dass eine Beschränkung der Entscheidungsfähigkeit bereits bei der Errichtung der Vorsorgevollmacht vorlag und die Vorsorgevollmacht sohin nicht gültig errichtet wurde. Nach ständiger Rechtsprechung wird dafür ein Zeitrahmen von einem Jahr angenommen.[181]

Der Oberste Gerichtshof hat offengelassen, ob diese Vermutung auch in Bezug auf die Testierfähigkeit zukünftig gelten könnte, zum Beispiel etwa, wenn zwischen Errichtung eines Testaments und einer Erwachsenenvertreterbestellung ein geringerer Zeitraum als ein Jahr liegen würde.

Aus diesem Grund ist es schon bei Errichtung eines Testaments jedenfalls ratsam, allfällige Beweisschwierigkeiten der Testierfähigkeit zu vermeiden!

OGH 24.09.2019, 5 Ob 145/19p

PRAXISTIPP

Als Nachweis der Testierfähigkeit empfiehlt sich ein möglichst aktuelles neurologisches Gutachten zum Zeitpunkt der Errichtung der letztwilligen Verfügung. Dieses sollte im besten Fall vom selben Tag stammen.

Sollte kein neurologisches Gutachten im Zeitpunkt der Testamentserrichtung vorliegen, können die Testamentserben versuchen, über etwaige Krankenakten bzw Pflegeberichte des Erblassers nachzuweisen, dass die notwendige Testierfähigkeit im Zeitpunkt der Errichtung der letztwilligen Verfügung noch gegeben war. In der Praxis zeigt sich, dass die Einholung von Krankenakten uU langwierig und schwierig sein kann.

Testamentsformen – ein Überblick

Für die formgültige Errichtung von letztwilligen Verfügungen müssen gewisse Formerfordernisse eingehalten werden. Grundsätzlich wird zwischen privaten und öffentlichen Formen von letztwilligen Verfügungen unterschieden.[182]

Als private Testamentsformen kommen das eigenhändige Testament,[183] das fremdhändige Testament[184] sowie das Nottestament in Betracht. Als öffentliche Testamentsformen gelten das gerichtliche sowie das notarielle Testament.[185]

Die Einhaltung der Formvorschriften stellt ein zwingendes Erfordernis für die gültige Errichtung einer letztwilligen Verfügung dar.[186] Selbst eine eindeutige Beweislage, wonach der Wille des Erblassers dem Inhalt der letztwilligen Verfügung entsprochen hat, kann über eine Nichteinhaltung der Formvorschriften nicht hinweghelfen. Nach dem Obersten Gerichtshof gilt: „*Der Umstand, dass nach den Feststellungen […] Testamente dem Willen des Erblassers entsprechen, kann das Nichterfüllen der gesetzlichen Formerfordernisse nicht substituieren; maßgebend ist nur der gültig erklärte Wille.*“[187] Dies wird damit begründet, dass die Einhaltung der Formvorschriften eine Warnfunktion für den Erblasser vor übereilten Entscheidungen darstellen soll. Auch Fälschungen von letztwilligen Verfügungen sollen dadurch hintangehalten werden.[188]

Die nachfolgende Checkliste soll einen Kurzüberblick über die möglichen Testamentsformen in Österreich bieten. Insbesondere das eigenhändige[189] sowie das fremdhändige[190] Testament werden aufgrund der Praxisrelevanz noch gesondert und vor allem detailliert behandelt.

Eigenhändiges Testament	Fremdhändiges Testament	Öffentliches Testament	Nottestament
→ Eigenhändig (= handschriftlich) geschrieben und unterschrieben → Es gilt nur der Text, der der Unterschrift voransteht; Nachträge müssen neuerlich unterschrieben werden. → Keine Änderungen durch ErbRÄG 2015	→ Niederschrift (zB Ausdruck) → Eigenhändige Unterschrift des letztwillig Verfügenden → Unterschrift dreier fähiger, gleichzeitig anwesender Zeugen mit einem handschriftlichen auf ihre Zeugeneigenschaft hinweisenden Zusatz → Eigenhändiger Zusatz des letztwillig Verfügenden (zB „Dies ist mein letzter Wille.“) → Erweiterung des Kreises unfähiger Testamentszeugen (§ 588) → Äußere Urkundeneinheit oder inhaltlicher Zusammenhang	→ Vor Gericht oder Notar durch mündliche Erklärung oder Übergabe einer eigenhändig geschriebenen Urkunde und der ausdrücklichen Erklärung, dass diese dem letzten Willen entspricht → Keine Änderungen durch ErbRÄG 2015	→ Mündlich oder fremdhändig unter Beiziehung zweier fähiger Zeugen (mündige Minderjährige ausreichend) → Drohender Verlust des Lebens oder der Testierfähigkeit → Verliert drei Monate nach Wegfall der Gefahr seine Gültigkeit → OGH setzt sehr strenge Maßstäbe!

Registrierung und Verwahrung des Testaments

Seit Beginn der 1970er Jahre wird von der Österreichischen Notariatskammer ein Österreichisches Zentrales Testamentsregister (kurz ÖZTR) betrieben.[191] Sofern bei Gericht oder bei einem Notar ein Testament errichtet oder hinterlegt wird, müssen diese eine Meldung im ÖZTR vornehmen. Dies gilt nicht nur für Testamente, sondern beispielsweise auch für Erb- und Pflichtteilsverzichtsverträge.[192] Darüber hinaus besteht auch ein eigenes Testamentsregister der österreichischen Rechtsanwälte.[193] Um dem Standesrecht zu genügen, müssen Rechtsanwälte letztwillige Anordnungen ebenfalls in einem Testamentsregister registrieren,[194] entweder im ÖZTR oder im Testamentsregister der österreichischen Rechtsanwälte.

Die Meldung beinhaltet den Namen des Erblassers, das Geburtsdatum und den Verwahrungsort, jedoch nicht den Inhalt des Testaments.

Nachstehend ist ein Muster einer Registrierungsbestätigung abgebildet.

MUSTER

Registrierungsbestätigung

Testamentsregister der österreichischen Rechtsanwälte

REGISTRIERUNGSNUMMER
20111278645
AKTENZAHL KANZLEI
RA/AKT

REGISTRIERUNGSBESTÄTIGUNG
über die erfolgte Registrierung einer Verfügung von

Marina Winter

Vorname:	**Marina**	Verfügungsart:	**Testament**
Nachname:	**Winter**		
Titel:		Hinterlegungsdatum:	**02.09.2020**
SV-Nummer:		Hinterlegungsort des registrierten Dokumentes:	**Verwahrung in der Kanzlei**
Geburtsdatum:	**13.11.1970**		
Geschlecht:	**w**	Errichtungsdatum:	**01.09.2020**
Geburtsname:		Registrierungsdatum:	**02.09.2020**
		Status:	**Aktuell**

Geb. Staat:
Geb. PLZ:
Geb. Ort:

Anmerkungen (insb. genauer Hinterlegungsort):
Original im Safe von LeitnerLaw Rechtsanwälte Linz

Diese Registrierung wurde durchgeführt von:
Edthaler Leitner-Bommer Schmieder & Partner Rechtsanwälte GmbH
Ottensheimer Straße 36, 4040 Linz

Kosten für die Registrierung: EUR 20,00 zzgl. 20% Ust.

Im Rahmen des Verlassenschaftsverfahrens haben Notare in ihrer Funktion als Gerichtskommissäre eine Anfrage in den beiden Testamentsregistern (Notariatskammer und Rechtsanwaltskammer) zu tätigen, um zu ermitteln, ob der Erblasser ein Testament errichtet hat und wenn ja, wo dieses hinterlegt ist.[195] Sofern ein Ergebnis aufscheint, erfolgt eine Aufforderung an den Verwahrer zur Ausfolgung des Originals an den Gerichtskommissär.[196]

PRAXISTIPP

Die ordnungsgemäße Registrierung und Verwahrung einer letztwilligen Verfügung garantiert die Auffindbarkeit des Originals und ist demnach von großer Wichtigkeit für die Abwicklung des Verlassenschaftsverfahrens sowie für die Durchsetzbarkeit des letzten Willens. Es empfiehlt sich, das Original direkt beim Testamentserrichter (etwa dem Notar bzw dem Rechtsanwalt) zu verwahren.

Ist ein Original nicht mehr auffindbar, liegt die Beweislast, dass das Testament bzw die letztwillige Verfügung bestanden hat, bei demjenigen, der sich zu seinen Gunsten darauf beruft. Derjenige muss sodann nicht nur den Inhalt nachweisen, sondern auch, dass der Verlust bzw die Vernichtung zufällig erfolgt ist und nicht bewusst durch den Erblasser herbeigeführt wurde.[197] Da dies in der Praxis mit großen Beweisschwierigkeiten verbunden ist (und schwer machbar erscheint), kommt der Registrierung und der Verwahrung des Originaltestaments große Bedeutung zu.

Kapitel 2

Eigenhändige Testamente

Das nachfolgende Kapitel bietet einen Überblick über die in der Praxis häufigste Testamentsform: das eigenhändige Testament. Trotz relativ überschaubarer Formerfordernisse gilt es auch beim eigenhändigen Testament einige wesentliche Punkte zu beachten, die im Folgenden dargelegt werden sollen.

Grundsätzliches

Nach der gesetzlichen Grundregel gilt, wenn jemand schriftlich ohne Zeugen letztwillig verfügen möchte, muss diese Person die Verfügung eigenhändig schreiben und eigenhändig mit ihrem Namen unterschreiben. Die Beisetzung von Ort und Datum der Errichtung wird vom Gesetzgeber angeraten, ist aber nicht zwingend notwendig (§ 578 ABGB). Durch das ErbRÄG 2015 sind die Formvorschriften für eigenhändige Testamente nicht adaptiert worden.[198]

Eigenhändiges Verfassen

Das eigenhändige Testament ist demnach die einfachste Form zu testieren. Wichtig ist, dass der Erblasser den Text seines Testaments selbst mit der Hand schreibt.[199] Hierdurch soll erreicht werden, dass eine Individualisierung des Erblassers möglich wäre und das Schriftbild durch einen Grafologen nachgeprüft werden könnte.[200] Das eigenhändige Testament muss zu dessen Gültigkeit – gegebenenfalls unter Hinzuziehung eines Sachverständigen – leserlich sein.[201] Die Erstellung des Testaments in Blockbuchstaben ist zulässig. Generell gilt: Je lesbarer das Testament verfasst ist, desto geringer ist die Wahrscheinlichkeit, dass Auslegungsschwierigkeiten in Bezug auf die letztwilligen Anordnungen des Erblassers bestehen. Weiters muss kein gewisser Zeitrahmen, in welchem ein Testament verfasst wird (Einheit des Testieraktes), erfüllt sein.[202]

Von dritten Personen geschriebene Texte, mit Hilfe von Schreibmaschine oder Computer vorgefertigte Texte bzw Telefaxe sind hingegen nicht zulässig.[203]

Eigenhändige Unterfertigung

Die zweite unumgängliche Voraussetzung für das eigenhändige Testament ist, dass der Text des Testaments vom Erblasser eigenhändig unterschrieben wird. Wichtig ist hierbei, dass die Unterschrift den Erblasser ausreichend kennzeichnet und individualisiert.[204] Der Erblasser sollte grundsätzlich mit seinem Namen unterfertigen, weswegen sich insbesondere die Unterfertigung mit dem Familiennamen am besten eignet.

Es geht vor allem darum, dass an der Identität des Erblassers keine Zweifel bestehen. Ist demnach durch den Vornamen unzweifelhaft feststellbar, dass es sich um den Erblasser handelt, wäre auch die Unterfertigung mit Vornamen möglich. Selbiges gilt für Initialen, Familienbezeichnungen wie zum Beispiel, „Deine Mutter" oder Künstlernamen.[205] Um allfälligen Streitigkeiten vorzubeugen, empfiehlt sich jedoch jedenfalls die Unterfertigung mit Vor- und Familiennamen bzw das zusätzliche Festhalten des Vor- und Familiennamens in Blockbuchstaben.

Die Unterschrift muss den Text abschließen.[206] Strittig ist in der Literatur, ob in Ausnahmefällen, etwa, wenn sich die Unterschrift am Ende des Textes nicht mehr ausgehen sollte, auch eine Unterfertigung am Seitenrand möglich sein soll.[207] Es empfiehlt sich jedoch, dies tunlichst zu vermeiden.

AKTUELLE JUDIKATUR

Nach Rechtsprechung des Obersten Gerichtshofs musste bei mehreren losen Blättern ein räumlicher oder inhaltlicher Zusammenhang zwischen Text und Unterschrift bestehen, damit von einem Schriftstück gesprochen werden konnte. Daher war eine Unterfertigung auf einem verschlossenen Briefumschlag etwa dann ausreichend, wenn der Briefumschlag selbst noch als letztes Blatt des Testaments beschrieben wurde und damit ein innerer Zusammenhang (zwischen Text und Unterschrift) gegeben war, indem die Unterfertigung als äußere Fortsetzung und Abschluss der Erklärung gewertet werden konnte.[208]
OGH 16.03.2004, 4 Ob 29/04z

Ob der Oberste Gerichtshof nach der neuen Judikaturlinie, wonach fremdhändige Testamente entweder einer äußeren oder inneren Urkundeneinheit bedürfen, bei dieser Ansicht bleiben würde, ist unklar. Deshalb sollte auch beim eigenhändigen Testament auf die Herstellung eines äußeren oder inneren Urkundenzusammenhangs geachtet werden, sofern das Testament aus mehreren Blättern bestehen sollte.[209] Dies ist insbesondere geboten, da der Oberste Gerichtshof in seinen Entscheidungen für fremdhändige Testamente festgehalten hat, dass auf den Aspekt der notwendigen „Urkundeneinheit“ abzustellen ist.[210] Zwar wird der Begriff der „Urkunde“ nur in § 579 ABGB (fremdhändige Testamente) und nicht explizit in § 578 ABGB (eigenhändige Testamente) genannt, jedoch schließt dies uE das Erfordernis einer „Urkundeneinheit“ auch für eigenhändige Testamente nicht aus. Daher sollte die Herstellung der äußeren Urkundeneinheit[211] auch bei eigenhändigen Testamenten berücksichtigt werden, sofern diese aus mehreren Blättern bestehen.

Empfohlene Beifügungen

- Die Beisetzung von Ort und Datum ist ebenfalls – auch wenn dies kein zwingendes Formerfordernis darstellt – aus Gründen des Nachweises der Echtheit empfehlenswert. Außerdem kommt der Beifügung des Datums regelmäßig dann Bedeutung zu, wenn mehrere letztwillige Verfügungen vorliegen (und dadurch ein allfälliger Widerruf einer vorherigen letztwilligen Verfügung gegeben sein könnte).[212]
- Es empfiehlt sich, den Text explizit als „Testament“ bzw als „letzten Willen“ zu bezeichnen, um mögliche Auslegungsschwierigkeiten zu vermeiden.[213]
- Grundsätzlich stellt zwar beispielsweise auch eine „Bitte“ des Erblassers in Form einer brieflichen Erklärung, ein Sparbuch in seinem Ablebensfall an eine bestimmte Person zu übertragen, eine letztwillige Anordnung dar. Die Verwendung des Wortes „Bitte“ als Wunsch ist der Einräumung eines Vermächtnisses nicht schädlich, wenn am wahren Willen des Erblassers keine Zweifel bestehen, einer klaren Formulierung ist aber dennoch der Vorzug zu geben.[214]
- Weiters empfiehlt sich, im Testament eine Formulierung aufzunehmen, was mit früheren letztwilligen Verfügungen passieren soll, für den Fall, dass das aktuelle Testament – aus welchen Gründen auch immer – seine Gültigkeit verliert.

AKTUELLE JUDIKATUR

Der Oberste Gerichtshof stellte diesbezüglich fest, dass im Zweifel eine frühere letztwillige Verfügung wieder in Kraft tritt, wenn der Verstorbene eine spätere letztwillige Verfügung zerstört, jedoch die frühere Verfügung unversehrt gelassen hat. Er hat hierzu festgehalten, dass es sich bei dieser Bestimmung um eine widerlegbare Vermutung handle, welche nur dann gelten soll, wenn der Widerruf der späteren Verfügung stillschweigend erfolgt. Im Ausgangsfall widerrief der Verstorbene sein Testament, weil er explizit die gesetzliche Erbfolge herbeiführen wollte, weswegen die Zweifelsregel des § 723 ABGB keine Anwendung fand.

In der Praxis empfiehlt sich daher, bei Neuerrichtung eines Testaments zu hinterfragen, ob frühere Testamente bestehen und was mit diesen passieren soll.

OGH 18.12.2020, 2 Ob 209/20d

Nachträgliche Änderungen und Verwahrung

Für nachträgliche Änderungen des eigenhändigen Testaments gilt Folgendes: Nachträgliche Hinzufügungen oder Streichungen – sofern diese über der Unterschrift erfolgen – müssen nicht neuerlich unterfertigt werden. Sind diese Änderungen örtlich nach der Unterschrift gelagert, ist eine neuerliche Unterfertigung notwendig.[215] Es empfiehlt sich aber, um Streitigkeiten vorzubeugen, jedenfalls jede Änderung des eigenhändigen Testaments gesondert zu unterfertigen.[216]

Auf den ersten Blick scheint die Errichtung eines eigenhändigen Testaments gegenüber dem fremdhändigen leichter und praktikabler zu sein. Die Praxis zeigt allerdings, dass die Errichtung eines eigenhändigen Testaments oftmals unterschätzt wird und die Gefahr in Bezug auf Verfälschungen bzw Unterdrückung der Urkunde größer ist.[217] Es empfiehlt sich daher auch bei Verfassen eines eigenhändigen Testaments, dieses ordnungsgemäß registrieren und sicher verwahren zu lassen.[218]

AKTUELLE JUDIKATUR

Anbringung einer Verwahrungsanordnung mittels Post-it auf einer eigenhändig verfassten letztwilligen Verfügung

Der Oberste Gerichtshof hatte diesbezüglich folgenden Sachverhalt zu beurteilen: Der Erblasser besaß mehrere Liegenschaften. Es war ihm sehr wichtig, dass sein Sohn zwecks Sicherung des Familienbesitzes Erbe wird. Der Erblasser musste sich einer Operation unterziehen. Zuvor hatte ihm ein Freund zugeflüstert, dass er doch eine enge Bekannte (die den Erblasser vor der Operation betreut hatte) versorgen solle. Der Erblasser hat daraufhin der Bekannten mitgeteilt, dass er ihr gerne eine Liegenschaft überschreiben möchte, dies aber vorab mit seinem Sohn noch abklären wolle. Er errichtete eine eigenhändig verfasste und unterfertigte letztwillige Verfügung, worin er der Bekannten die Liegenschaft vermächtnisweise übertrug. Diese letztwillige Verfügung wurde an einen Notar mit einem angehefteten, ebenfalls eigenhändig ge- und unterschriebenen „Post-it" mit folgendem Text übermittelt: „Anbei meine letztwillige Verfügung, bitte verwahre diese noch vertraulich, da ich mit [meinem Sohn] noch nicht gesprochen habe."

Der Erblasser verstarb wenige Tage nach der Operation und hat mit seinem Sohn über das Vermächtnis nicht mehr gesprochen.

Der Oberste Gerichtshof hat festgehalten, dass das „Post-it" bloß eine Verwahrungsanordnung sei, die dem Erblasser ermöglichen sollte, den Sohn im persönlichen Gespräch über seine Entscheidung zu informieren. Aus dem Wortlaut der Urkunde und aus den Begleitumständen kann nicht geschlussfolgert werden, dass das Gespräch Bedingung für die Gültigkeit des Vermächtnisses sein sollte. Das Vermächtnis war daher an die Bekannte auszufolgen.

OGH 30.10.2014, 8 Ob 69/14a

Fehlerquellen

Die häufigsten Fehlerquellen im Zusammenhang mit der Errichtung von eigenhändigen Testamenten werden nachfolgend dargestellt.

Fehlerquelle 1: Es erfolgt die eigenhändige Verfassung des Textes, jedoch wird keine Unterschrift daruntergesetzt.

Testament

Im Zustand der vollen Besonnenheit, mit Überlegung und Ernst, frei von jeder Beeinflussung, treffe ich, Maria Mustermann, geboren am 11.12.1963, wohnhaft Am Hügel 2, 2367 Waldstetten, österreichische Staatsbürgerin, für den Fall meines Ablebens nachstehende letztwillige Anordnung:

Zu meinem Alleinerben setze ich meinen Sohn Hermann Mustermann, geboren am 20.03.1986, ein.

Ersatzerbe, für den Fall, dass der Alleinerbe nicht erben kann oder will, soll meine Enkelin Sarah Mustermann, geboren am 14.02.2007, sein.

Alle früheren Testamente sind ungültig.

Für den Fall, dass mein Alleinerbe, meine Ersatzerbin und ich zusammen mit sämtlichen leiblichen Abkömmlingen durch einen Unfall oder durch ein anderes Ereignis gleichzeitig oder als unmittelbare Folge eines solchen Ereignisses kurz nacheinander versterben sollten, setze ich meinen Bruder, geboren am 23.08.1967, als Erben ein.

Mein Erbfall, insbesondere dieses Testament, unterliegt ausschließlich österreichischem Recht unter Ausschluss der Verweisungsnormen. Dies gilt auch, wenn ich meinen gewöhnlichen Aufenthalt ins Ausland verlege.

08.07.2021

Richtig: Das eigenhändige Testament muss handschriftlich unterfertigt werden!

08.07.2021	*Maria Mustermann*

Fehlerquelle 2: Es werden durch den Erblasser nach der Unterschrift Änderungen vorgenommen, jedoch werden diese nicht eigens unterfertigt.

Testament

Im Zustand der vollen Besonnenheit, mit Überlegung und Ernst, frei von jeder Beeinflussung, treffe ich, Maria Mustermann, geboren am 11.12.1963, wohnhaft Am Hügel 2, 2367 Waldstetten, österreichische Staatsbürgerin, für den Fall meines Ablebens nachstehende letztwillige Anordnung:

Zu meinem Alleinerben setze ich meinen Sohn Hermann Mustermann, geboren am 20.03.1986, ein.

Ersatzerbe, für den Fall, dass der Alleinerbe nicht erben kann oder will soll meine Enkelin Sarah Mustermann, geboren am 14.02.2007, sein.

Alle früheren Testamente sind ungültig.

Für den Fall, dass mein Alleinerbe, meine Ersatzerbin und ich zusammen mit sämtlichen leiblichen Abkömmlingen durch einen Unfall oder durch ein anderes Ereignis gleichzeitig oder als unmittelbare Folge eines solchen Ereignisses kurz nacheinander versterben sollten, setze ich meinen Bruder, geboren am 23.08.1967, als Erben ein.

Mein Erbfall, insbesondere dieses Testament, unterliegt ausschließlich österreichischem Recht unter Ausschluss der Verweisungsnormen. Dies gilt auch, wenn ich meinen gewöhnlichen Aufenthalt ins Ausland verlege.

08.07.2021 Maria Mustermann

Meine Enkelin soll die Wohnung am Schotterteich erhalten.

Richtig: Bei nachträglichen Änderungen nach der Unterschrift muss die Unterschrift hinzugefügt werden!

15.07.2021	*Maria Mustermann*

PRAXISTIPP

Es empfiehlt sich grundsätzlich, jede Änderung mit Datum und Unterschrift zu versehen, um den Vorwurf einer nicht vom Erblasser vorgenommenen nachträglichen Änderung zu vermeiden.

Fehlerquelle 3: Das Testament ist in Summe nicht bis kaum lesbar.

Testament

Im Zustand der vollen Besonnenheit, mit Überlegung und Ernst, frei von jeder Beeinflussung, treffe ich, Maria Mustermann, geboren am 11.12.1963, wohnhaft Am Hügel 2, 2367 Waldstetten, österreichische Staatsbürgerin, für den Fall meines Ablebens nachstehende letztwillige Anordnung:

Ich meinen Son Her Muster ein. ⇦ Nicht klar ersichtlich, ob dies eine Erbeinsetzung darstellen soll.

Ersatzerbe, für den Fall, dass der Alleinerbe nicht erben kann oder will soll meine Enkelin S. Mustermann sein.

Alle frühere Testament sind ungig ⇦ Nicht klar ersichtlich, ob frühere Verfügungen aufgehoben werden sollen oder nicht.

Maria Mustermann

PRAXISTIPP

Je lesbarer und klarer der Wille des Erblassers zum Ausdruck gelangt, desto geringer ist die Gefahr der Anfechtbarkeit der letztwilligen Verfügung im Verlassenschaftsverfahren.

Fehlerquelle 4: Im Testament wurden unterschiedliche Schriften und unterschiedliche Unterschriften verwendet, was den Verdacht nahelegt, dass eine dritte Person die Ergänzungen vorgenommen hat.

Testament

Im Zustand der vollen Besonnenheit, mit Überlegung und Ernst, frei von jeder Beeinflussung, treffe ich, Maria Mustermann, geboren am 11.12.1963, wohnhaft Am Hügel 2, 2367 Waldstetten, österreichische Staatsbürgerin, für den Fall meines Ablebens nachstehende letztwillige Anordnung:

Zu meinem Alleinerben setze ich meinen Sohn Hermann Mustermann, geboren am 20.03.1986 ein.

08.07.2021 *Maria Mustermann*

Ersatzerbe, für den Fall, dass der Alleinerbe nicht erben kann oder will soll meine Enkelin Sarah Mustermann, geboren am 14.02.2007, sein.

Alle früheren Testamente sind ungültig.

14.07.2021 Maria Mustermann

PRAXISTIPP

Je einheitlicher die letztwillige Verfügung gestaltet ist, desto geringer ist die Wahrscheinlichkeit der Angreifbarkeit im Verlassenschaftsverfahren. Generell gilt, dass beispielsweise unterschiedliche Unterschriften dahingehend ausgelegt werden könnten, dass eine Unterschrift nicht vom Erblasser stammt. Aus diesem Grund empfiehlt es sich, die letztwillige Verfügung so zu unterschreiben, wie üblicherweise im Rechtsverkehr (beispielsweise bei Banken) vom Erblasser unterfertigt wird.

MUSTER

Handschriftliches Testament

Testament

Im Zustand der vollen Besonnenheit, mit Überlegung und Ernst, frei von jeder Beeinflussung, treffe ich, Maria Mustermann, geboren am 11.12.1963, wohnhaft Am Hügel 2, 2367 Waldstetten, österreichische Staatsbürgerin, für den Fall meines Ablebens nachstehende letztwillige Anordnung:

Zu meinem Alleinerben setze ich meinen Sohn Hermann Mustermann, geboren am 20.03.1986, ein. ①

Ersatzerbe, für den Fall, dass der Alleinerbe nicht erben kann oder will, soll meine Enkelin Sarah Mustermann, geboren am 14.02.2007, sein. ②

Alle früheren Testamente sind ungültig.

Für den Fall, dass mein Alleinerbe, meine Ersatzerbin und ich zusammen mit sämtlichen leiblichen Abkömmlingen durch einen Unfall oder durch ein anderes Ereignis gleichzeitig oder als unmittelbare Folge eines solchen Ereignisses kurz nacheinander versterben sollten, setze ich meinen Bruder, geboren am 23.08.1967, als Erben ein. ③

Mein Erbfall, insbesondere dieses Testament, unterliegt ausschließlich österreichischem Recht unter Ausschluss der Verweisungsnormen. Dies gilt auch, wenn ich meinen gewöhnlichen Aufenthalt ins Ausland verlege. ④

08.07.2021 Maria Mustermann

Zu ①

Sollten mehrere Personen als Erben eingesetzt werden, kann folgende Formulierung verwendet werden:

„Zu meinen Erben setze ich meine Tochter Sabine Mustermann, geboren am 16.05.1990, und meinen Sohn Hermann Mustermann, geboren am 20.03.1986, zu gleichen Teilen ein."

Wer als Erben eingesetzt werden kann und welche Möglichkeiten hinsichtlich der Erbeinsetzung bestehen, wird in Kapitel 4, Inhaltliche Ausgestaltung von Testamenten, behandelt.

Zu ②

Sollten mehrere Personen als Ersatzerben eingesetzt werden, kann folgende Formulierung verwendet werden:

„Ersatzerben für den Fall, dass der Erbe nicht erben kann oder will, sollen Sabine Mustermann, geboren am 16.05.1990, und Hermann Mustermann, geboren am 20.03.1986, zu gleichen Teilen sein."

Wann die Einsetzung eines Ersatzerben sinnvoll ist und was dies bedeutet, wird in Kapitel 4, Inhaltliche Ausgestaltung von Testamenten, behandelt.

Zu ③

Sollten mehrere Personen in der Unfallklausel als Erben eingesetzt werden, kann folgende Formulierung verwendet werden:

„Für den Fall, dass mein/e Alleinerbe/in, mein/e Ersatzerbe/in und ich zusammen mit sämtlichen leiblichen Abkömmlingen durch einen Unfall oder durch ein anderes Ereignis gleichzeitig oder als unmittelbare Folge eines solchen Ereignisses kurz nacheinander versterben sollten, setze ich Sabine Mustermann, geboren am 16.05.1990, und Hermann Mustermann, geboren am 20.03.1986, zu gleichen Teilen als Erben ein."

Die sogenannte „Unfallklausel" und ihre Rechtsfolge wird in Kapitel 4, Inhaltliche Ausgestaltung von Testamenten, behandelt.

Zu ④

Die Möglichkeit der Aufnahme einer Rechtswahl in einer letztwilligen Verfügung wird in Kapitel 4, Inhaltliche Ausgestaltung von Testamenten, behandelt.

PRAXISTIPP

Sofern ein eigenhändiges Testament umfangreich ist, sollte – aufgrund des umstrittenen Erfordernisses der inneren und äußeren Urkundeneinheit – jedenfalls anstelle von mehreren Blättern die Vorder- und Rückseite des Blattes verwendet werden.[219] Findet man hiermit immer noch kein Auslangen, könnte angedacht werden, ein größeres Papierformat (bspw A3-Format) heranzuziehen.

Kapitel 3

Fremdhändige Testamente

Dieses Kapitel behandelt die in unserer Beratungspraxis am häufigsten vorkommende Testamentsform: das fremdhändige Testament. Es gilt hier zahlreiche Formvorschriften zu beachten. Bei Errichtung eines fremdhändigen Testaments empfehlen wir immer die Beiziehung eines spezialisierten Rechtsanwalts oder Notars.

Grundsätzliches

Mit dem ErbRÄG 2015 erfolgte eine deutliche Erhöhung der Formvorschriften für fremdhändige Testamente.[220] Leitgedanke war dahinter, die Fälschungssicherheit zu erhöhen.[221]

Eine nicht eigenhändig verfasste letztwillige Verfügung muss vom Testator in Gegenwart von drei gleichzeitig anwesenden Zeugen eigenhändig unterschrieben und mit einem eigenhändigen Zusatz mit dem Inhalt versehen sein, dass die Urkunde den letzten Willen des Testators enthält. Letzteres wird „Nuncupatio" genannt. Auch die Zeugen, deren Identitäten aus der Urkunde hervorgehen müssen, haben auf der Urkunde mit einem auf ihre Eigenschaft als Zeugen hinweisenden und eigenhändigen Zusatz zu unterfertigen. Es ist nicht notwendig, dass die Zeugen die inhaltlichen Anordnungen der letztwilligen Verfügung kennen (§ 579 ABGB).

Die Voraussetzungen für ein gültiges fremdhändiges Testament können demnach wie folgt zusammengefasst werden:

- Niederschrift des Textes,
- eigenhändige Unterfertigung des Testators (vor drei gleichzeitig anwesenden Zeugen),
- eigenhändige Nuncupatio,
- eigenhändige Unterfertigung der drei Zeugen inklusive eigenhändigem Zeugenzusatz,
- Identitätserkennung der Zeugen aus der Urkunde,
- innere bzw äußere Urkundeneinheit.

Das Gesetz fordert die Beisetzung von Ort und Datum der Unterfertigung nicht. Dies ist jedoch – wie beim eigenhändigen Testament – jedenfalls ratsam und zu empfehlen.[222] Für eine nachträgliche Änderung des fremdhändigen Testaments müssen grundsätzlich erneut die Formvorschriften für fremdhändige Testamente eingehalten werden. Werden eigenhändige Ergänzungen getätigt, so sind die Formvorschriften für das eigenhändige Testament maßgebend. Lediglich eigenhändige Streichungen sollen auch ohne Unterschrift möglich sein.[223] Werden dagegen eigenhändige Testamente mit fremdhändigen Teilen (die nicht den Formerfordernissen eines fremdhändigen Testaments entsprechen) versehen, liegt nur dann eine formgültige eigenhändige Verfügung vor, wenn der eigenhändige Teil für sich alleine einen Sinn ergibt.[224] Der fremdhändige Teil ist in diesem Fall unwirksam.

Fremdhändiger Text

Die Niederschrift des Textes kann durch fremde Hand oder maschinell verfasst werden.[225] Dies kann etwa durch Computer, Schreibmaschine, Stempel etc erfolgen.[226] Wichtig ist natürlich, dass der Text lesbar ist, da ansonsten nicht von einem Testament gesprochen werden kann.[227] Die Niederschrift des Textes muss jedenfalls zeitlich vor der Leistung der Unterschriften gefasst sein.[228]

Der Testator

Als Testator wird diejenige Person bezeichnet, die ein (fremdhändiges) Testament errichtet. Der letzte Wille muss bestimmt, mit Überlegung, ernst und frei von Drohung, List und Irrtum erklärt werden. Der Testator muss weiters volljährig und eigenberechtigt sein.

Der Testator hat grundsätzlich zwei Dinge zu beachten.

- Erstens muss der Testator das Testament in Gegenwart von drei zum gleichen Zeitpunkt anwesenden Zeugen eigenhändig mit seinem Namen unterfertigen.[229] Diesbezüglich wurden die Formvorschriften erhöht, da vor dem ErbRÄG 2015 nur die gleichzeitige Anwesenheit von zwei Zeugen vorausgesetzt war.[230]
- Zweitens muss durch den Testator handschriftlich festgehalten werden, dass das Testament seinen letzten Willen enthält (sogenannte Bekräftigung des letzten Willens oder auch Nuncupatio).[231] Eine mündliche Nuncupatio ist nach dem ErbRÄG 2015 nicht mehr zulässig. Die schriftliche Nuncupatio soll insbesondere der Fälschung von Testamenten entgegenwirken.[232] Der Testator kann sich verschiedener Formulierungen bei der schriftlichen Nuncupatio bedienen. Beispielsweise sind Passagen wie „Das ist mein letzter Wille“, „So soll es sein“, „Die Urkunde enthält meinen letzten Willen“ oder „Das will ich“ möglich.[233] Wichtig hierbei ist, dass

sich aus der Formulierung ergibt, dass es sich um den letzten Willen des Testators handelt.[234] Ein bloßes „ok“ bzw „passt“ wäre nicht hinreichend.[235] Nicht abschließend geklärt – mangels Angaben im Gesetz – ist, an welcher Stelle der Urkunde der Testator die schriftliche Nuncupatio zu setzen hat. Es wird vertreten, dass dies direkt unter dem Text ratsam ist.[236] Es gibt keine Vorgabe hinsichtlich der zeitlichen Abfolge der Unterfertigung des Testators, Setzung der schriftlichen Nuncupatio und der Unterzeichnung durch die Testamentszeugen. Jedoch muss die Einheit des Testieraktes gewahrt sein[237] und sollte dies nach Herstellung der äußeren Urkundeneinheit erfolgen.[238]

Fehlerquellen

Fehlerquelle 1: Das fremdhändige Testament wurde weder vom Testator eigenhändig unterfertigt, noch wurde der eigenhändige Bekräftigungszusatz vom Testator beigesetzt, lediglich sein Name ist (maschinell) abgedruckt.

Testament registriert beim Testamentsregister
der österreichischen Rechtsanwälte
zu P1038201/2021

am 28.06.2021

Testament

Im Zustand der vollen Besonnenheit, mit Überlegung und Ernst, frei von jeder Beeinflussung, treffe ich, **Maria Mustermann**, geboren am 11.12.1963, wohnhaft Am Hügel 2, 2367 Waldstetten, österreichische Staatsbürgerin, für den Fall meines Ablebens nachstehende letztwillige Anordnung:

1.1 Ich bin in der freien Verfügung meines Vermögens in keiner Weise beschränkt, weder durch einen Erbvertrag, noch durch ein gemeinschaftliches Testament. Ich widerrufe hiermit alle vorhandenen früheren Verfügungen von Todes wegen, soweit nicht Bestimmungen dieser letztwilligen Verfügung durch meine nachfolgenden Verfügungen ausdrücklich für weiterhin wirksam erklärt werden.

1.2 Ich setze meinen Sohn Hermann Mustermann, geboren am 20.03.1986, zu meinem Alleinerben ein.

1.3 Für den Fall, dass mein Sohn Hermann Mustermann, geboren am 20.03.1986, nicht erben kann oder nicht erben will, setze ich als Ersatzerben meine Enkelin Sarah Mustermann, geboren am 14.02.2007, ein.

1.4 Meine Nachbarin, Sieglinde Bogner, geboren am 03.08.1957, erhält als Vermächtnis das Gemälde „Der Sonnenuntergang“ von Malerin Johanna Glück im Wohnzimmer.

1.5 Mein Erbfall, insbesondere dieses Testament, unterliegt ausschließlich österreichischem Recht unter Ausschluss der Verweisungsnormen. Dies gilt auch, wenn ich meinen gewöhnlichen Aufenthalt ins Ausland verlege.

Waldstetten, 28.06.2021

____

Maria Mustermann
geboren am 11.12.1963

Valdimar Henz *als ersuchter Testamentszeuge*	*Hans Glück* *als ersuchter Testamentszeuge*	*Josephine Stadl* *als ersuchte Testamentszeugin*
Valdimar Henz geb. 20.03.1973 Waldallee 3, 2367 Waldstetten als anwesender Testamentszeuge	Hans Glück geb. 17.02.1964 Gutweg 7, 2367 Waldstetten als anwesender Testamentszeuge	Josephine Stadl geb. 16.04.1990 Hauptstraße 7/2, 2367 Waldstetten als anwesende Testamentszeugin

> Fremdhändige Testamente sind vom Erblasser eigenhändig zu unterfertigen und mit einer Nuncupatio zu versehen.
>
> *Das ist mein letzter Wille!*
> *Maria Mustermann, geboren am 11.12.1963*

PRAXISTIPP

Der Erblasser hat das fremdhändige Testament jedenfalls eigenhändig zu unterfertigen. Unmittelbar vor der Unterfertigung hat der Erblasser handschriftlich zu bekräftigen, dass das vorliegende Testament seine letztwillige Verfügung darstellt.

Fehlerquelle 2: Eigenhändiger Bekräftigungszusatz des Erblassers erfolgt nicht gleichzeitig mit der Errichtung des Testaments.

Waldstetten 28.06.2021

Maria Mustermann

Maria Mustermann
geboren am 11.12.1963

Valdimar Henz *als ersuchter Testamentszeuge*	*Hans Glück* *als ersuchter Testamentszeuge*	*Josephine Stadl* *als ersuchte Testamentszeugin*
Valdimar Henz geb. 20.03.1973 Waldallee 3, 2367 Waldstetten als anwesender Testamentszeuge	Hans Glück geb. 17.02.1964 Gutweg 7, 2367 Waldstetten als anwesender Testamentszeuge	Josephine Stadl geb. 16.04.1990 Hauptstraße 7/2, 2367 Waldstetten als anwesende Testamentszeugin

Das ist mein letzter Wille! 29.06.2021

Die handschriftliche Bekräftigung erfolgte an einem anderen Tag als die Errichtung des fremdhändigen Testaments.

PRAXISTIPP

Die Nuncupatio hat zeitgleich mit der Unterfertigung des Erblassers zu erfolgen. Es empfiehlt sich, unmittelbar vor der Unterfertigung die Bekräftigung handschriftlich zu verfassen.

Fehlerquelle 3: Nicht identifizierbare Unterschriften

Waldstetten, 28.06.2021

Das ist mein letzter Wille!

u

Maria Mustermann
geboren am 11.12.1963

→ Die Unterschrift der Erblasserin ist nicht eindeutig identifizierbar.

PRAXISTIPP

Durch gut lesbare Unterschrift kann eine erfolgreiche Anfechtung im Zuge des Verlassenschaftsverfahrens aus diesem Grund vermieden werden.

MUSTER

Eigenhändige Unterfertigung samt Nuncupatio des Testators

Waldstetten, 28.06.2021

Das ist mein letzter Wille!

Maria Mustermann

Maria Mustermann
geboren am 11.12.1963

→ Die eigenhändige Bekräftigung der Erblasserin erfolgt unmittelbar vor der handschriftlichen Unterfertigung.

Die Zeugen

Weitere Voraussetzung für die gültige Errichtung eines fremdhändigen Testaments ist, dass drei fähige Testamentszeugen das Testament mit ihrem Namen unterzeichnen.[239] Die Unterfertigung muss auf der Urkunde selbst erfolgen.[240] Dies soll gewährleisten, dass nur die vom Testator gewollten Anordnungen durch die Zeugen unterfertigt werden.[241]

Einer inhaltlichen Kenntnis des Testaments durch die Zeugen bedarf es allerdings nicht. Jedoch muss den Testamentszeugen bewusst sein, dass der Testator eine letztwillige Verfügung errichtet.[242] Das bedeutet, dass die Testamentszeugen keine inhaltlichen Anordnungen bestätigen, sondern die Echtheit des Zustandekommens der Testamentsurkunde bekräftigen.[243] Weiters müssen die Zeugen seit dem ErbRÄG 2015 eigenhändig auf der Urkunde einen Zusatz setzen, der auf ihre Eigenschaft als Zeuge hinweist. Das heißt, dass jede Unterschrift eines Zeugen zwingend auch den eigenhändigen Zeugenzusatz beinhalten muss.[244]

AKTUELLE JUDIKATUR

Der Oberste Gerichtshof hielt in Bezug auf den auf die Zeugeneigenschaft hinweisenden Zusatz auf fremdhändigen Testamenten Folgendes fest:

In der ersten Entscheidung lagen zwei Testamente aus dem Jahr 2018 vor. Beide Testamente enthielten keinen eigenhändig verfassten Zeugenzusatz. Nach den Feststellungen entsprachen jedoch beide Testamente dem Willen des Testators. Der Oberste Gerichtshof sprach jedoch aus, dass dies kein Ersatz für das zwingende Formerfordernis des eigenhändig verfassten Zeugenzusatzes sein könne. Das Testament war sohin nicht formgültig errichtet.

Dagegen hielt der Oberste Gerichtshof in der zweiten Entscheidung fest, dass bei einer vor dem ErbRÄG 2015 fremdhändig errichteten Verfügung der Zeugenzusatz nach altem Recht zu beurteilen sei. Eine Textpassage im letzten Punkt des Testaments, in der auf die „drei mitgefertigten Testamentszeugen" hingewiesen wurde, genüge demnach und es sei kein eigenhändig verfasster Zeugenzusatz nötig.

Daher bleiben vor dem ErbRÄG 2015 errichtete Testamente mit fremdhändigem Zeugenzusatz gültig.

OGH 07.04.2020, 2 Ob 35/20s; OGH 30.04.2020, 2 Ob 58/19x.

Zusätzliches Erfordernis für die formgültige Errichtung eines fremdhändigen Testaments ist, dass die Identität der Zeugen aus der Urkunde hervorgehen muss. Die Identitätsangaben können im Rahmen der Urkunde fremd- oder eigenhändig abgefasst sein. Sinn und Zweck dieses Erfordernisses ist, die Identifizierung der Zeugen zu gewährleisten und damit deren Fähigkeit als Zeugen nachprüfbar zu machen.[245] Der Gesetzgeber hat jedoch keine Konkretisierung dahingehend vorgenommen, wie die Identifizierbarkeit der Zeugen zu erfolgen hat.[246] Die Erläuternden Bemerkungen zu der Regierungsvorlage führen hierzu jedoch aus, dass insbesondere der Vor- und Nachname sowie das Geburtsdatum oder die Berufsadresse angegeben werden sollen.[247]

AKTUELLE JUDIKATUR

Der Oberste Gerichtshof hielt jedoch hinsichtlich des Identitätserfordernisses fest, dass die Anführung von Geburtsdatum und Adresse nicht zwingend erforderlich sei. Wenn beispielsweise als Zeugen der errichtende Notar sowie zwei Notariatsangestellte fungieren, sei die Anführung von Vor- und Familiennamen sowie der Berufsbezeichnung und Kanzleianschrift ebenso ausreichend.

OGH 26.05.2021, 2 Ob 86/21t.

PRAXISTIPP

Um allfällige Konflikte in einem Verlassenschaftsverfahren betreffend die Identifizierbarkeit der Zeugen vorzubeugen, empfiehlt sich dennoch die Aufnahme des Vor- und Familiennamens, des Geburtsdatums sowie der Adresse der jeweiligen Zeugen.

Zeugenunfähigkeit

Das Gesetz enthält darüber hinaus Vorgaben, welche Personen nicht als fähige Zeugen fungieren können. Demnach gelten unmündige Minderjährige, Personen, die auf Grund einer körperlichen oder geistigen Beeinträchtigung nicht fähig sind, entsprechend der jeweiligen Testamentsform einen letzten Willen zu bezeugen, sowie Personen, die die Sprache des letztwillig Verfügenden nicht verstehen, nicht als „fähige“ Zeugen (§ 587 ABGB). Diese Personen gelten als absolut unfähige Testamentszeugen.[248] Mündige Minderjährige können nur Zeugen eines Nottestaments sein.

Das Gesetz sieht jedoch auch relativ unfähige Testamentszeugen vor. Das sind die Erben oder Vermächtnisnehmer in Bezug auf die ihnen zugedachte Zuwendung, ebenso wie deren Ehegatte, eingetragener Partner, Lebensgefährte, deren Eltern, Kinder, Geschwister sowie die Eltern, Kinder und Geschwister des Ehegatten, eingetragenen Partners oder Lebensgefährten des Erben oder Vermächtnisnehmers. Zeugnisunfähig sind weiters die gesetzlichen Vertreter, vertretungsbefugte Organe, Gesellschafter, Machthaber und Dienstnehmer bedachter Personen oder rechtsfähiger Gesellschaften (§ 588 ABGB). Diese relative Unfähigkeit von Testamentszeugen ist in der Befangenheit dieser Personen begründet.[249]

Sollten die Zeugen zeugnisunfähig sein und dennoch als Testamentszeugen auftreten, hat dies die (partielle) Ungültigkeit des Testaments zur Folge. Sollte der Testator unterschiedliche Anordnungen hinsichtlich verschiedener Personen vornehmen, kann ein Testamentszeuge auch nur teilweise (un)fähig sein. Dies ist davon abhängig, in welchem Verhältnis der Zeuge zu den verschiedenen Bedachten steht.[250]

AKTUELLE JUDIKATUR

Der Oberste Gerichtshof hat sich bereits mit der Frage auseinandergesetzt, ob die Einsetzung von unfähigen Zeugen zur Unwirksamkeit des gesamten Testaments führt.

Wie bereits ausgeführt, ist ein Erbe oder Vermächtnisnehmer für die ihm zugedachte Zuwendung kein fähiger Zeuge, ebenso wenig sein Ehegatte, eingetragener Partner oder Lebensgefährte, seine Kinder und weitere nahestehende Personen. Im gegenständlichen Sachverhalt setzte der Verstorbene die Beklagte in seinem fremdhändigen Testament als Alleinerbin ein. Als Zeugen fungierten ua der Lebensgefährte sowie die Tochter der Beklagten.

Der Oberste Gerichtshof führte hierzu aus, dass sich die Zeugenunfähigkeit lediglich auf die zugedachte Zuwendung, sohin die begünstigende Anordnung (in diesem Fall: Erbeinsetzung der Beklagten) bezieht, jedoch andere Anordnungen im Rahmen des Testaments wirksam bezeugt werden können. Daraus kann sich eine Teilwirksamkeit eines Testaments ergeben und insbesondere die gesetzliche Erbfolge zur Anwendung gelangen.

Hätte das Testament zusätzlich eine Erbeinsetzung oder ein Vermächtnis zugunsten einer dritten Person vorgesehen, die in keinem Verhältnis zu den Zeugen steht, die zu einer Unfähigkeit der Zeugen führt, wäre die Erbeinsetzung der dritten Person wirksam gewesen und das Testament in diesem Teil gültig errichtet worden.

OGH 18.12.2020, 2 Ob 84/20x

Fehlerquellen

Fehlerquelle 1: Das fremdhändige Testament wurde vom Testator eigenhändig unterfertigt, die Zeugen wurden jedoch lediglich maschinell genannt und haben nicht handschriftlich unterfertigt sowie den handschriftlichen Zeugenzusatz nicht hinzugefügt.

Testament registriert beim Testamentsregister der österreichischen Rechtsanwälte
zu P1038201/2021

am 28.06.2021

Testament

Im Zustand der vollen Besonnenheit, mit Überlegung und Ernst, frei von jeder Beeinflussung, treffe ich, **Maria Mustermann**, geboren am 11.12.1963, wohnhaft Am Hügel 2, 2367 Waldstetten, österreichische Staatsbürgerin, für den Fall meines Ablebens nachstehende letztwillige Anordnung:

1.1 Ich bin in der freien Verfügung meines Vermögens in keiner Weise beschränkt, weder durch einen Erbvertrag, noch durch ein gemeinschaftliches Testament. Ich widerrufe hiermit alle vorhandenen früheren Verfügungen von Todes wegen, soweit nicht Bestimmungen dieser letztwilligen Verfügung durch meine nachfolgenden Verfügungen ausdrücklich für weiterhin wirksam erklärt werden.

1.2 Ich setze meinen Sohn Hermann Mustermann, geboren am 20.03.1986, zu meinem Alleinerben ein.

1.3 Für den Fall, dass mein Sohn Hermann Mustermann, geboren am 20.03.1986, nicht erben kann oder nicht erben will, setze ich als Ersatzerben meine Enkelin Sarah Mustermann, geboren am 14.02.2007, ein.

1.4 Meine Nachbarin, Sieglinde Bogner, geboren am 03.08.1957, erhält als Vermächtnis das Gemälde „Der Sonnenuntergang" von Malerin Johanna Glück im Wohnzimmer.

1.5 Mein Erbfall, insbesondere dieses Testament, unterliegt ausschließlich österreichischem Recht unter Ausschluss der Verweisungsnormen. Dies gilt auch, wenn ich meinen gewöhnlichen Aufenthalt ins Ausland verlege.

Waldstetten, 28.06.2021

Das ist mein letzter Wille!

Maria Mustermann

Maria Mustermann
geboren am 11.12.1963

Die unterzeichnenden Testamentszeugen bestätigen hiermit, dass sämtliche Blätter dieses Testaments vor dessen Errichtung und vor Leistung der Unterschriften des letztwillig Verfügenden und der Testamentszeugen miteinander verbunden und geklebt wurden, sodass nicht nur ein inhaltlicher Zusammenhang, sondern auch eine äußere Urkundeneinheit besteht.

Valdimar Henz	Hans Glück	Josephine Stadl
geb. 20.03.1973	geb. 17.02.1964	geb. 16.04.1990
Waldallee 3, 2367 Waldstetten	Gutweg 7, 2367 Waldstetten	Hauptstraße 7/2, 2367 Waldstetten
als anwesender Testamentszeuge	als anwesender Testamentszeuge	als anwesende Testamentszeugin

Keiner der Zeugen hat eigenhändig unterschrieben noch den handschriftlichen Verweis auf die Zeugenfunktion verfasst.

Fehlerquelle 2: Die Zeugen haben zwar handschriftlich unterfertigt, jedoch haben sie keinen auf ihre Zeugeneigenschaft hinweisenden Zeugenzusatz eigenhändig dazu geschrieben.

Testament registriert beim Testamentsregister
der österreichischen Rechtsanwälte
zu P1038201/2021

am 28.06.2021

Testament

Im Zustand der vollen Besonnenheit, mit Überlegung und Ernst, frei von jeder Beeinflussung, treffe ich, **Maria Mustermann**, geboren am 11.12.1963, wohnhaft Am Hügel 2, 2367 Waldstetten, österreichische Staatsbürgerin, für den Fall meines Ablebens nachstehende letztwillige Anordnung:

1.1 Ich bin in der freien Verfügung meines Vermögens in keiner Weise beschränkt, weder durch einen Erbvertrag, noch durch ein gemeinschaftliches Testament. Ich widerrufe hiermit alle vorhandenen früheren Verfügungen von Todes wegen, soweit nicht Bestimmungen dieser letztwilligen Verfügung durch meine nachfolgenden Verfügungen ausdrücklich für weiterhin wirksam erklärt werden.

1.2 Ich setze meinen Sohn Hermann Mustermann, geboren am 20.03.1986, zu meinem Alleinerben ein.

1.3 Für den Fall, dass mein Sohn Hermann Mustermann, geboren am 20.03.1986, nicht erben kann oder nicht erben will, setze ich als Ersatzerben meine Enkelin Sarah Mustermann, geboren am 14.02.2007, ein.

1.4 Meine Nachbarin, Sieglinde Bogner, geboren am 03.08.1957, erhält als Vermächtnis das Gemälde „Der Sonnenuntergang" von Malerin Johanna Glück im Wohnzimmer.

1.5 Mein Erbfall, insbesondere dieses Testament, unterliegt ausschließlich österreichischem Recht unter Ausschluss der Verweisungsnormen. Dies gilt auch, wenn ich meinen gewöhnlichen Aufenthalt ins Ausland verlege.

Waldstetten, 28.06.2021

Das ist mein letzter Wille!

Maria Mustermann

Maria Mustermann
geboren am 11.12.1963

Valdimar Henz	*Hans Glück*	*Josephine Stadl*
Valdimar Henz	Hans Glück	Josephine Stadl
geb. 20.03.1973	geb. 17.02.1964	geb. 16.04.1990
Waldallee 3, 2367 Waldstetten	Gutweg 7, 2367 Waldstetten	Hauptstraße 7/2, 2367 Waldstetten
als anwesender Testamentszeuge	als anwesender Testamentszeuge	als anwesende Testamentszeugin

➡ Keiner der Zeugen hat den handschriftlichen Verweis auf die Zeugenfunktion verfasst.

Variante: Unvollständiger eigenhändiger Zusatz der Zeugenfunktion

Waldstetten, 28.06.2021

Das ist mein letzter Wille!

Maria Mustermann

Maria Mustermann
geboren am 11.12.1963

Als Testamentszeugen:

Valdimar Henz *als ersuchter Testamentszeuge*	*Hans Glück*	*Josephine Stadl*
Valdimar Henz geb. 20.03.1973 Waldallee 3, 2367 Waldstetten als anwesender Testamentszeuge	Hans Glück geb. 17.02.1964 Gutweg 7, 2367 Waldstetten als anwesender Testamentszeuge	Josephine Stadl geb. 16.04.1990 Hauptstraße 7/2, 2367 Waldstetten als anwesende Testamentszeugin

Nur ein eigenhändiger Hinweis eines Zeugen auf die Zeugenfunktion gilt nicht auch für die übrigen Zeugen.

Fehlerquelle 3: Eine minderjährige Person wurde als Zeuge hinzugezogen.

Valdimar Henz *als ersuchter Testamentszeuge*	*Arthur Mann* *als ersuchter Testamentszeuge*	*Josephine Stadl* *als ersuchte Testamentszeugin*
Valdimar Henz geb. 20.03.1973 Waldallee 3, 2367 Waldstetten als anwesender Testamentszeuge	Arthur Mann geb. 17.02.2007 Gutweg 7, 2367 Waldstetten als anwesender Testamentszeuge	Josephine Stadl geb. 16.04.1990 Hauptstraße 7/2, 2367 Waldstetten als anwesende Testamentszeugin

Der Zeuge Arthur Mann ist im Jahr 2007 geboren, daher im Unterfertigungszeitpunkt nicht volljährig und kann daher nicht als Zeuge fungieren.

Fehlerquelle 4: Aus dem Testament, welches lediglich schwer leserlich durch die jeweiligen Zeugen unterfertigt wurde, kann keine Identifizierung der Zeugen erfolgen.

eeennz als ersuchter Testamentszeuge	AL als ersuchter Testamentszeuge	Pinl als ersuchte Testamentszeugin

PRAXISTIPP

Es empfiehlt sich, so leserlich wie möglich zu unterfertigen. Weiters müssen Angaben enthalten sein, die die Identifizierbarkeit der Testamentszeugen sicherstellen, damit vermieden wird, dass das Testament im Zuge des Verlassenschaftsverfahrens aufgrund der fehlenden Identifizierbarkeit der Beteiligten angefochten wird.

Bei fremdhändigen Testamenten, die aus mehreren Seiten bestehen, sollten alle drei Testamentszeugen jede Seite eigenhändig unterzeichnen und jede Seite mit dem handschriftlichen Zeugenzusatz versehen.

MUSTER

Korrekte Zeugenunterfertigung samt Zusatz

Valdimar Henz als ersuchter Testamentszeuge	Arthur Mann als ersuchter Testamentszeuge	Josephine Stadl als ersuchte Testamentszeugin
Valdimar Henz geb. 20.03.1973 Waldallee 3, 2367 Waldstetten als anwesender Testamentszeuge	Arthur Mann geb. 17.02.1964 Gutweg 7, 2367 Waldstetten als anwesender Testamentszeuge	Josephine Stadl geb. 16.04.1990 Hauptstraße 7/2, 2367 Waldstetten als anwesende Testamentszeugin

Sämtliche Zeugen haben eigenhändig leserlich zu unterschreiben sowie den eigenhändigen Zusatz der Zeugeneigenschaft anzufügen. Weiters ist sowohl das Geburtsdatum als auch die Adresse der Zeugen anzuführen.

Erfordernis der Urkundeneinheit

Die oben angeführten Voraussetzungen für die gültige Errichtung eines fremdhändigen Testaments stellen jedoch nicht mehr die einzigen zwingenden Erfordernisse dar. Durch die mittlerweile gefestigte Judikaturlinie[251] des Obersten Gerichtshofs kam eine weitere unumgängliche Gültigkeitsvoraussetzung hinzu, nämlich das Erfordernis einer Urkundeneinheit (iS eines inhaltlichen Zusammenhanges oder einer äußeren Urkundeneinheit). Nachfolgend soll die Judikatur dargestellt werden:

AKTUELLE JUDIKATUR

Ein fremdhändiges Testament, das aus mehreren losen Blättern besteht, ist formungültig, wenn der Erblasser auf einem losen Blatt unterschrieben hat, ohne dass ein äußerer oder inhaltlicher Zusammenhang mit dem Blatt, auf dem sich der Text der letztwilligen Verfügung befindet, besteht.[252]

Ein äußerer Zusammenhang ist nur dann zu bejahen, wenn entweder vor der Leistung der Unterschriften von Erblasser und Zeugen oder während des Testiervorgangs die äußere Urkundeneinheit hergestellt wurde, indem die einzelnen Bestandteile der Urkunde (die losen Blätter) so fest miteinander verbunden werden, dass die Verbindung nur mit Zerstörung oder Beschädigung der Urkunde gelöst werden kann, wie zB beim Binden, Kleben oder Nähen der Urkundenteile.

Ein inhaltlicher Zusammenhang kann grundsätzlich insbesondere durch Fortsetzung des Textes auf mehreren losen Blättern hergestellt werden. Möglich ist auch ein unterfertigter Vermerk auf einem zusätzlichen Blatt, der inhaltlich auf die letztwillige Verfügung Bezug nimmt.[253] Der Zusammenhang muss so deutlich sein, dass er einer tatsächlichen Verbindung der Blätter nahe kommt. Leider hat der Oberste Gerichtshof nicht konkret dargelegt, was genau unter einem inhaltlichen Zusammenhang zu verstehen ist, weshalb diesbezüglich große Rechtsunsicherheit besteht.

Das Erfordernis der Urkundeneinheit gilt auch für vor dem ErbRÄG 2015 errichtete Testamente. Auch wenn die Testiervorschriften für das fremdhändige Testament durch das ErbRÄG 2015 verschärft wurden, trifft dies nicht auf den maßgeblichen Aspekt der fehlenden (äußeren und inneren) Urkundeneinheit zu.[254] Da sich die Rechtslage diesbezüglich nicht geändert hat, betrifft die Rechtsprechung des Obersten Gerichtshofs zur äußeren und inneren Urkundeneinheit demnach alle Testamente (sohin auch vor dem ErbRÄG 2015 errichtete Testamente).

Das Erfordernis der Urkundeneinheit wurde durch die Judikatur des Obersten Gerichtshofs wie folgt konkretisiert:

- Es ist für die Herstellung der äußeren Urkundeneinheit nicht ausreichend, wenn mehrere Blätter eines Testaments lediglich mittels einer Heftklammer verbunden sind.[255]
- Eine Verbindung loser Blätter mittels einer Büroklammer ist für die Herstellung der äußeren Urkundeneinheit nicht ausreichend.[256]
- Eine Übergabe mehrerer loser Blätter an den Notar als Testamentserrichter nach Leistung der Unterschriften durch Testator und Zeugen, welcher in weiterer Folge die losen Blätter mit in sein Notariat nimmt und dort ungefähr 20 Minuten später bindet, entspricht nicht den Anforderungen an die äußere Urkundeneinheit, da diese vor oder während des Testiervorgangs hergestellt werden muss. Auch die Übergabe der Blätter an den Notar nach dem Testiervorgang zur Verbindung oder Verwahrung stellt die äußere Urkundeneinheit nicht her.[257]
- Eine formgültige Errichtung ist dagegen etwa gegeben, wenn im unmittelbaren Anschluss an das Leisten der Unterschriften eine Verbindung des vorerst nur mit Heftklammer verbundenen Testaments durch Klebevignette und Anbringung des Kanzleistempels erfolgt.[258]
- Auch eine Verbindung der Blätter in der Notariatskanzlei im „unmittelbaren Anschluss" an die Unterfertigung, obwohl nicht festgestellt werden konnte, wie viel Zeit de facto zwischen Unterfertigung und Verbindung der Blätter verging bzw ob der Erblasser bei Herstellung der Urkundeneinheit noch anwesend war, ist ausreichend.[259]
- Eine Herstellung des inhaltlichen Zusammenhangs lediglich durch Seitennummerierung kann nicht erfolgen, weil sich daraus kein inhaltlicher Bezug zum Text der letztwilligen Verfügung ergibt.[260] Das muss wohl auch für die Textnummerierung gelten, auch wenn es diesbezüglich noch keine entsprechende Judikatur gibt.

PRAXISTIPP

Es empfiehlt sich bei fremdhändigen Testamenten, die aus mehreren Seiten bestehen, dass der Testator jede Seite eigenhändig unterzeichnet und jede Seite mit der schriftlichen Nuncupatio versieht.

Fehlerquellen

Es wird ein mehrseitiges fremdhändiges Testament errichtet, ohne dass für die Herstellung der äußeren Urkundeneinheit rechtzeitig hinreichend gesorgt wird (beispielsweise werden die Blätter lediglich mit einer Heftklammer verbunden).

Eine Überprüfung bisheriger fremdhändiger Testamente ist unter diesem Gesichtspunkt unumgänglich. Insbesondere in Bezug auf den inhaltlichen Urkundenzusammenhang besteht immer noch große Rechtsunsicherheit, weswegen man sich nicht auf das Vorliegen dieses alternativen Gültigkeitserfordernisses verlassen sollte.

Bei Neuerrichtung des fremdhändigen Testaments sollte sodann bedacht werden, dass die Herstellung der äußeren Urkundeneinheit vor Leistung der Unterschriften durch Testator und Testamentszeugen erfolgt. Trotz der geschilderten Entscheidungen, in welchen eine Verbindung der losen Blätter „im unmittelbaren Anschluss" noch als gültig erachtet wurde, birgt dies in der Praxis viel Raum für Konfliktpotenzial.

PRAXISTIPP

Um all dem vorzubeugen, empfiehlt sich neben der zeitlich vorgelagerten Herstellung der äußeren Urkundeneinheit auch ein entsprechender Passus im Testament, welcher diesen Umstand bestätigt und somit dem späteren Nachweis dient.

Was den Prozess der Herstellung der äußeren Urkundeneinheit anbelangt, ist beispielsweise das Klammern der Blätter, die Anbringung eines Klebestreifens über den Klammern sowie das erneute Klammern über dem Klebestreifen, eine praktikable Möglichkeit. Weiters empfiehlt sich die Verwendung von Kanzleistampiglien bzw -siegel. Darüber hinaus sollten die Blätter jedenfalls beidseitig bedruckt sein. Auch die Heranziehung von A3-Blättern und die Verwendung der Vorder- und Rückseite haben sich als praktikable Lösungen herausgestellt.

MUSTER

Dieses Testament habe ich selbst gelesen und habe in gleichzeitiger und ununterbrochener Gegenwart der ersuchten Zeugen bestätigt, dass es meinem letzten Willen vollkommen entspricht. Ich habe hier das Testament vor den drei Zeugen mit einem handschriftlichen Zusatz, wonach dieses Testament meinen letzten Willen darstellt, unterschrieben. Die drei Zeugen haben gegenständliches Testament ebenfalls mit einem auf ihre Zeugeneigenschaft hinweisenden Zusatz unterschrieben. Ich bestätige, dass sämtliche Blätter dieses Testaments vor dessen Errichtung und vor Leistung meiner Unterschrift und der Unterschriften der Testamentszeugen miteinander verbunden und geklebt wurden, sodass nicht nur ein inhaltlicher Zusammenhang, sondern auch eine äußere Urkundeneinheit besteht.

Waldstetten, 28.06.2021

Das ist mein letzter Wille!

Maria Mustermann

Maria Mustermann
geboren am 11.12.1963

Die unterzeichnenden Testamentszeugen bestätigen hiermit, dass sämtliche Blätter dieses Testaments vor dessen Errichtung und vor Leistung der Unterschriften des letztwillig Verfügenden und der Testamentszeugen miteinander verbunden und geklebt wurden, sodass nicht nur ein inhaltlicher Zusammenhang, sondern auch eine äußere Urkundeneinheit besteht.

Valdimar Henz
als ersuchter Testamentszeuge

Valdimar Henz
geb. 20.03.1973
Waldallee 3, 2367 Waldstetten
als anwesender Testamentszeuge

Hans Glück
als ersuchter Testamentszeuge

Hans Glück
geb. 17.02.1964
Gutweg 7, 2367 Waldstetten
als anwesender Testamentszeuge

Josephine Stadl
als ersuchte Testamentszeugin

Josephine Stadl
geb. 16.04.1990
Hauptstraße 7/2, 2367 Waldstetten
als anwesende Testamentszeugin

Exkurs: Formungültigkeit des Testaments in der Praxis

Interview mit Notar Mag. Rüdiger Kriegleder, MBL[261]

Zunächst möchten wir Ihnen Herrn Notar *Mag. Rüdiger Kriegleder, MBL* vorstellen: *Rüdiger Kriegleder* wurde im Jahr 2014 nach Beendigung der Ausbildung und langjähriger Praxis in mehreren Notariaten zum Notar für die Amtsstelle Gallneukirchen ernannt. *Rüdiger Kriegleder* unterstützt seine Mandanten nicht nur beim Aufsetzen ihrer Testamente, sondern verfügt über langjährige Erfahrung aus seiner Tätigkeit als Gerichtskommissär in Verlassenschaftsverfahren.

Herr Notar, bemerken Sie in Ihrer täglichen Praxis Auswirkungen der neuen Judikaturlinie des Obersten Gerichtshofs zu den Formvorschriften von fremdhändigen Testamenten?

Interessanterweise waren in den Monaten nach den ersten Entscheidungen 2019/2020 noch keine großartigen Auswirkungen zu beobachten. Erst in den letzten Monaten wurde das Thema „virulent“, insbesondere deshalb, weil in den Medien vermehrt darüber berichtet wurde. Gestiegen ist vor allem der Informationsbedarf der Mandanten über bestehende Testamente, da die Medienberichterstattung Fragen bei den Klienten aufgeworfen hat.

Wie gehen Sie mit den Anforderungen um? Wie erfolgt die Herstellung der äußeren Urkundeneinheit bei Ihnen? Wird jedes Testament tatsächlich vor Unterfertigung genäht?

Die Problematik besteht bei mir im Grundsatz nicht, da ich, falls ein Testament tatsächlich über eine DIN-A4-Seite hinausgeht, DIN-A3-Seiten verwende bzw Vor- und Rückseite beschreiben lasse und ich damit diese Problematik umgehe. Falls ein Testament trotzdem mehrere Blätter umfasst, lasse ich diese entsprechend der Judikatur vorab nähen und so verbinden, dass sie nicht „ohne Gewalt“ wieder getrennt werden können. Darüber hinaus lasse ich eine Bestätigung anbringen, dass dieses Testament vor Errichtung genäht etc wurde, um im Nachgang nicht mit Beweisschwierigkeiten konfrontiert zu sein.

Welche Tipps und Tricks können in Bezug auf die Herstellung der Urkundeneinheit beachtet werden?

Wie gesagt: Verwendung von DIN-A3-Bögen, vorab nähen etc und Sicherstellung, dass das rechtzeitige Vorabnähen auch dokumentiert und damit beweisbar ist. Darüber hinaus kann man natürlich – um mehrere Blätter zu vermeiden – mit dem Layout spielen, das heißt zB verkleinerte Schriftgröße und geringe Zeilenabstände sind durchaus probate Mittel.

Betreffend Ihre Tätigkeit als Gerichtskommissär: Erfolgt in der Praxis eine nähere Prüfung in Bezug auf die Urkundeneinheit? Prüfen Sie jedes Testament? Was tun Sie, wenn ein Ihrer Ansicht nach ungültiges Testament vorgelegt wird?

In der Praxis überwiegen bei mir immer noch die „selbstmitgebrachten" eigenhändigen Testamente. Die bisherige Judikatur wurde in allen Fällen nur zu fremdhändigen Judikaten ausgesprochen. Die handschriftlichen Testamente sind zudem meist sehr kurze Testamente, woraus sich schon die Problematik mehrerer Blätter selten ergibt. Falls doch ein handschriftliches Testament mit mehreren Blättern vorgelegt wird, wird natürlich auch geprüft, ob ein äußerer oder inhaltlicher Zusammenhang vorliegt. Bei den handschriftlichen Testamenten erfolgt dann auch die Verifizierung, ob die Handschrift im Testament der Handschrift des Verstorbenen entspricht. Dazu werden einerseits die Überbringer des handschriftlichen Testaments und andererseits auch die anderen Beteiligten des Verlassenschaftsverfahrens ausdrücklich befragt. Eine zusätzliche Abklärung findet auch dadurch statt, dass gemäß § 152 AußStrG Abschriften der letztwilligen Verfügungen durch den Gerichtskommissär bestimmten Personen zuzustellen sind.

Hinsichtlich fremdhändiger Testamente hat sich in der Praxis folgender Ablauf bei mir im Notariat eingebürgert: Die Testamente sind üblicherweise entweder im Register der Notare oder der Rechtsanwälte registriert. Daraus folgt, dass das Original bei einem Rechtsvertreter (Notar oder Rechtsanwalt) angefordert werden muss und mir von diesem dann auch übermittelt wird. Nach Übermittlung wird im Zuge der Aufnahme des Übernahmeprotokolls der äußere und innere Urkundenzusammenhang geprüft und dementsprechend im Übernahmeprotokoll dokumentiert. Offensichtliche Mängel müssen darin festgehalten werden. Beispielsweise würde bei einem Testament, das aus mehreren Blättern besteht und lediglich mit einer Heftklammer zusammengeheftet wurde, festgehalten, dass es genau auf diese Art und Weise zusammengehalten wird. Es wird eine nähere Beschreibung des Zustands der Testamente und der Blätter vorgenommen. Ich weise dann als Gerichtskommissär auch aktiv die Parteien darauf hin, dass ein Risiko der Ungültigkeit des Testaments besteht bzw dass dieses ungültig ist. Gibt es aufgrund eines solchen Umstands widersprechende Erbantrittserklärungen, bin ich als Gerichtskommissär gesetzlich verpflichtet, im Rahmen eines Termins zu versuchen, eine Einigung zwischen den Parteien herbeizuführen.

Wie hat sich die Judikaturlinie des Obersten Gerichtshofs auf Ihre Tätigkeit als Gerichtskommissär ausgewirkt?

Insbesondere in einem erhöhten Informationsbedarf meiner Mandanten und einer erhöhten Aufklärungspflicht als Gerichtskommissär. Ich habe sowohl als Gerichtskommissär als auch als Notar meine Aufklärungspflichten immer schon sehr ernst genommen, allerdings hat der Aufklärungs- und Informationsbedarf durch diese Judikatur insbesondere hinsichtlich des Übernahmeprotokolls noch zugenommen und dadurch einen erhöhten Arbeitsbedarf ausgelöst. Zuvor hat sich dieses Thema in dieser Dimension einfach nicht gestellt.

Wie oft wird die Ungültigkeit eines fremdhändigen Testaments in der Praxis von den Parteien vorgebracht?

Es häuft sich in letzter Zeit zunehmend, vor allem in den letzten sechs Monaten. Generell ist die Thematik zunehmend und nicht nur aufgrund der letzten Entscheidungen. Man merkt, dass die Verlassenschaften vor allem in der rezenten Vergangenheit zunehmend streitiger werden. Auch wenn man als Gerichtskommissär im Verlassenschaftsverfahren viel „abfangen“ und vermittelnd tätig sein kann.

Was passiert, wenn nach Abschluss des Verlassenschaftsverfahrens hervorkommt, dass das Testament ungültig war? Welche Möglichkeiten haben die betroffenen Personen?

Nachdem das Verlassenschaftsverfahren abgeschlossen ist, steht nur noch der Weg der Erbschaftsklage offen. Da muss man natürlich prüfen, ob der Anspruch bereits verjährt ist. Dazu gibt es aktuelle Judikatur, die in diesem Buch behandelt wird.

AKTUELLE JUDIKATUR

Der Oberste Gerichtshof hat sich mit der Verjährung der Erbschaftsklage – im Zusammenhang mit einem mangels Urkundeneinheit ungültigen Testament – auseinandergesetzt.

Der Beklagte, Witwer der Verstorbenen, wurde im Rahmen eines fremdhändigen wechselseitigen Testaments aus 2010 zum Alleinerben eingesetzt. Die zwei Blätter, aus denen das Testament bestand, waren lediglich mittels einer Heftklammer verbunden. Im Verlassenschaftsverfahren wurde die Gültigkeit des fremdhändigen Testaments nicht bemängelt. Diese wurde auch von Amts wegen nicht aufgegriffen. Daher erfolgte im Jahr 2012 die Einantwortung an den Witwer.

Im Jahr 2019 begehrte die Tochter der Verstorbenen mittels Erbschaftsklage die Herausgabe ihres gesetzlichen Erbteils (zwei Drittel der Verlassenschaft) vom Witwer. Die Vorinstanzen hielten die Erbschaftsklage für bereits verjährt.

Diese Ansicht teilte auch der Oberste Gerichtshof. Er hielt fest, dass ein fremdhändiges Testament, aufgrund welchem eine spätere Einantwortung zustande kam, für das Obsiegen einer Erbschaftsklage „umgestoßen" werden muss. Die Erbschaftsklage iSd § 823 ABGB verjährte nach alter Rechtslage zwar meist erst nach 30 oder 40 Jahren;[262] musste hiermit aber zugleich ein Testament „umgestoßen" werden, galt die kurze dreijährige Verjährungsfrist. Der Fristenlauf begann in diesem Fall spätestens mit der Einantwortung, die im Jahr 2012 erfolgte. Das Übergangsrecht zum ErbRÄG 2015 vermochte in diesem Fall keine Verlängerung der Frist herbeizuführen, weil die Verjährungsfrist zum Stichtag 01.01.2017 bereits abgelaufen war. Kurzum: Ehemalige Verfahren können nicht unbegrenzt „wiederaufgerollt" werden.

OGH 27.11.2020, 2 Ob 77/20t

Exkurs: Testament des Schreib- bzw Leseunfähigen

Für Personen, die schreib- und/oder leseunfähig sind, gelten besondere Voraussetzungen für die gültige Errichtung eines Testaments. Ist es dem Testator nicht möglich zu schreiben, hat er das fremdhändige Testament – unter Beiziehung von drei Testamentszeugen – mittels eines Handzeichens zu versehen und muss mündlich bestätigen, dass die Urkunde seinem letzten Willen entspricht (§ 580 (1) ABGB).[263]

In diesem Fall kommt es zur nunmehr einzigen Zulässigkeit einer mündlichen Nuncupatio. Das bedeutet, dass anstelle der Unterfertigung und des eigenhändigen Zusatzes Handzeichen und die mündliche Nuncupatio erfolgen.[264] In der Rechtsprechung wurde die Setzung von drei Kreuzen als gültiges Handzeichen erachtet.[265] Die Ursache für die Schreibunfähigkeit ist nicht maßgeblich, weswegen sowohl Analphabetismus als auch Verletzungen in Betracht kommen.[266] Die Beifügung des Namens des Testators (etwa durch einen Zeugen) ist vom Gesetz nicht als zwingendes Erfordernis angeführt, wird jedoch empfohlen.[267]

Ist der Testator leseunfähig, muss er sich das Testament von einem der Zeugen in Gegenwart der beiden übrigen Zeugen laut vorlesen lassen. Die beiden Zeugen, in deren Gegenwart das Testament verlesen wird, müssen den Inhalt des Testaments kennen. Weiters darf die Verlesung nicht durch den „Schreiber" des Testaments erfolgen. Das bedeutet, dass der Text weder von der Person, die den Text inhaltlich gestaltet hat, noch von jener Person, die als Schreibkraft fungiert hat, verlesen werden sollte.[268]

Der Leseunfähige muss in weiterer Folge in Gegenwart dieser drei Testamentszeugen bestätigen, dass das Testament seinen letzten Willen enthält (§ 580 (2) ABGB).[269] Der Grund der Leseunfähigkeit ist irrelevant.[270]

Zum Teil wird vertreten, dass eine schriftliche Nuncupatio nicht erforderlich ist.[271] Es empfiehlt sich jedoch jedenfalls – sofern dies möglich ist – eine handschriftliche Unterfertigung sowie eine handschriftliche Nuncupatio zusätzlich vorzusehen, um einer etwaigen Formungültigkeit der letztwilligen Verfügung entgegenzuwirken.[272]

PRAXISTIPP

Zu Beginn sollte eine Leseprobe durchgeführt werden, um zu eruieren und festzuhalten, dass der Testator leseunfähig ist. Es empfiehlt sich, diese Leseprobe entsprechend zu dokumentieren.

Kapitel 4

Inhaltliche Ausgestaltung von Testamenten

Während die Kapitel zum eigenhändigen sowie zum fremdhändigen Testament die unabdingbaren Formerfordernisse darstellen, soll dieses Kapitel im Folgenden eine sinnvolle inhaltliche Ausgestaltung von Testamenten erläutern.

Vorbemerkungen

Bei der Ausgestaltung von Testamenten gilt: Je mehr Informationen zur tatsächlichen Lebenssituation des Erblassers aufgenommen werden, umso mehr Klarheit kann für die Situation nach dem Ableben des Erblassers geschaffen werden. Ansonsten stehen oftmals die Erben und der Gerichtskommissär nach dem Ableben des Erblassers vor Auslegungs- und Ermittlungsschwierigkeiten, was das Verlassenschaftsverfahren erheblich verkomplizieren und vor allem verzögern kann. Dies bezieht sich zum einen auf Verwandtschaftsverhältnisse bzw sonstige für den Erblasser wichtige Beziehungen sowie zum anderen auch auf das Vermögen des Erblassers.

PRAXISTIPP

In einem Testament können im Rahmen einer Vorbemerkung beispielsweise die Familienverhältnisse des Erblassers dargestellt werden. Darüber hinaus kann auf eine Lebensgemeinschaft bzw eine erfolgte Scheidung hingewiesen werden. Weiters empfiehlt es sich, eine umfassende und detaillierte Vermögensauflistung aufzunehmen. Eine solche dient der schnelleren Abwicklung des Verlassenschaftsverfahrens. Es sollte jedoch zusätzlich vermerkt werden, dass diese Vermögensauflistung nicht abschließend ist, um einen ständigen Adaptierungsbedarf zu vermeiden.

Die Erbeinsetzung

Charakteristikum des Testaments ist, dass eine Erbeinsetzung erfolgt. Es handelt sich hierbei um die Entscheidung des Erblassers, welche Personen zu seiner Gesamtrechtsnachfolge berufen werden. Mit der Gesamtrechtsnachfolge gehen sämtliche Rechte und Pflichten des Erblassers auf die Erben über. Vermächtnisnehmer dagegen werden lediglich Einzelrechtsnachfolger des Erblassers in Bezug auf den jeweiligen vermachten Vermögensgegenstand.

Im Verlassenschaftsverfahren kommen den Erben – im Gegensatz zu den Vermächtnisnehmern – darüber hinaus umfangreiche Rechte zu. Der erbantrittserklärte Erbe, der sein Erbrecht hinreichend ausweist, hat nämlich das Recht, die Verlassenschaft zu benützen, zu verwalten und zu vertreten, sofern das Verlassenschaftsgericht nichts Gegenteiliges anordnet.[273] Mehrere Erben üben das Recht gemeinsam aus, soweit nichts anderes vereinbart ist.[274] Diese Befugnisse kommen den Erben ex lege (von Gesetzes wegen, ohne Beschluss eines Gerichts) zu.[275]

Doch auch bei der Erbeinsetzung selbst führen Ungenauigkeiten oftmals zu Auslegungsschwierigkeiten.

Bestimmtheitserfordernis

Um zu verhindern, dass über die gewünschten Erben konfliktträchtige Zweifel entstehen, sollten die Erben klar und deutlich bezeichnet werden. Dies erfolgt am besten mit Vor- und Nachname, Geburtsdatum und Adresse.[276]

Sofern das Testament keine explizite Regelung über die Erbeinsetzung enthält, kommen die gesetzlichen Auslegungsregelungen zum Zug, die sich wie folgt darstellen:

- Auslegungsregel 1: Ist im Testament eine Regelung enthalten, wonach eine Person ohne Bestimmung des konkreten Anteils zum Erben eingesetzt wird, erhält diese Person die gesamte Verlassenschaft als Alleinerbe. Erfolgt eine Erbeinsetzung zu einem bestimmten Anteil im Verhältnis zum Ganzen, erhalten die gesetzlichen Erben den Rest der Verlassenschaft.[277]
- Auslegungsregel 2: Hat der Verstorbene mehrere Personen mit unbestimmten Anteilen als Erben eingesetzt, so erben sie zu gleichen Teilen.[278]
- Auslegungsregel 3: Wurden mehrere Erben mit einem konkret bestimmten Anteil eingesetzt, gilt es zu unterscheiden: Erfolgt die Berufung der Erben zur gesamten Verlassenschaft (dh diese wird voll ausgeschöpft), erhöht dies die Anteile der bedachten Erben. Hat der Erblasser mehrere Personen als Erben zu bestimmten, die Verlassenschaft nicht erschöpfenden Erbteilen eingesetzt, so fällt der übrige Teil an die gesetzlichen Erben.[279]
- Auslegungsregel 4: Werden Erben zum Teil mit einem bestimmten Anteil eingesetzt, andere jedoch ohne einen solchen bestimmten Anteil, erhalten Zweitere die übrige Verlassenschaft zu gleichen Teilen. Sollte einem unbestimmt eingesetzten Erben nichts übrig bleiben, gebührt ihm von sämtli-

chen bestimmten Teilen der anderen Erben verhältnismäßig so viel, dass er den gleichen Anteil erhält, wie der am geringsten bestimmte Erbe.[280]

- Auslegungsregel 5: Sind unter mehreren unbestimmt eingesetzten Erben auch Personen, die nach der gesetzlichen Erbfolge als eine Person anzusehen wären (etwa die Kinder von einem Geschwister gegenüber dem anderen Geschwister des Verstorbenen), gelten sie im Zweifel auch bei testamentarischer Einsetzung als eine Person. Hat der Verstorbene als Erben bestimmbare Personen eingesetzt, so wird vermutet, dass er sie nebeneinander zu einzelnen Anteilen als Erben einsetzen wollte. Im Zweifel wird bei einer Mehrheit unbestimmbarer Personen davon ausgegangen, dass diese als eine Person zu betrachten sind.[281]

BEISPIELE

Zu Auslegungsregel 1:

- E setzt als Erbin seine Tochter T ohne Bestimmung des konkreten Anteils ein. Tochter T erhält die gesamte Verlassenschaft.
- E setzt als Erbin seine Tochter T zu 1/3 ein. Die gesetzlichen Erben von E erhalten den Rest von 2/3.

Zu Auslegungsregel 2:

- E setzt als Erben seine Kinder X, Y, Z ein. Anteile werden nicht bestimmt. X, Y und Z werden zu je 1/3 Erben.

Zu Auslegungsregel 3:

- E setzt als Erben seine Kinder X und Y zu je 1/3 als Erben ein (zB aufgrund eines Rechenfehlers von E). E erklärt ausdrücklich, dass die Erbeinsetzung zur gesamten Verlassenschaft erfolgt. Die Anteile von X und Y erhöhen sich, sodass jeder zu 1/2 als Erbe eingesetzt wird.
- E setzt als Erben seine Kinder W und Z zu je 1/3 als Erben ein. Die Erbeinsetzung erfolgt nicht zur gesamten Verlassenschaft. Die gesetzlichen Erben von E werden Erben der restlichen 1/3.

Zu Auslegungsregel 4:

- E setzt seine Kinder X und Y zu je 1/4 als Erben ein. Der Rest soll an A und Z gehen. A und Z erhalten die übrige Verlassenschaft zu gleichen Teilen, sohin zu jeweils 1/4.[282]

- E setzt seine Tochter T zu 4/6 als Erbin und seinen Sohn D zu 2/6 als Erben ein. Sein Kind L wird ebenfalls als Erbe eingesetzt. Kind L soll grundsätzlich auch 2/6 (so viel wie der am geringsten Bedachte) erhalten. Die Summe der Anteile würde 8/6 ergeben, weswegen die einzelnen Anteile mit dem Faktor 6/8 zu multiplizieren sind. T würde demnach 1/2 und die Kinder D und L jeweils 1/4 erhalten.[283]

Zu Auslegungsregel 5:

- E setzt als Erben seine Kinder X, Y und seine Enkelkinder ES und ET (Kinder von Z) ohne die Angabe einer Erbquote ein. X und Y erhalten je 1/3, ES und ET je 1/6.
- E setzt seine Enkelkinder als Erben ein. E hat 5 Enkel, 2 von seinem Sohn S und 3 von seiner Tochter T. Sofern nichts geregelt ist, erben die Enkel nach Stämmen. Die Kinder von Sohn S erhalten je 1/4 und die Kinder von Tochter T je 1/6.[284]

Bei den angeführten Anteilen / Quoten handelt es sich um ideelle Quoten in Bezug auf sämtliche Rechte und Pflichten. Es erfolgt noch keine Zuteilung von Gegenständen.[285] Die Beweislast für eine abweichende Auslegung der aufgelisteten Auslegungsmethoden trifft denjenigen, der sich darauf beruft.[286]

PRAXISTIPP

Um etwaige Streitigkeiten und Auslegungsschwierigkeiten zu vermeiden, sollte bei der Formulierung des Testaments darauf geachtet werden, bei sämtlichen Erben einen bestimmten Anteil oder darüber hinaus eine vermächtnisweise Zuordnung bestimmter Gegenstände anzuführen. Außerdem sollten alle Anteile – also die gesamte Verlassenschaft – „aufgeteilt“ werden.

Anwachsung

Weiters enthalten die §§ 560 ff ABGB Regelungen darüber, was passieren soll, wenn einer von mehreren eingesetzten Erben wegfallen sollte, indem er nicht erben kann bzw nicht erben möchte. Der Grund für den Wegfall des eingesetzten Erben ist irrelevant.[287] Dies ist zum Beispiel bei Vorversterben, Erbunfähigkeit, Enterbung, Ungültigkeit der Erbeinsetzung oder Entschlagung der Fall.[288] Auch hierbei handelt es sich um Auslegungshilfen, wenn das Testament über keine sonstigen Regelungen diesbezüglich verfügt.

Es gilt, dass im Zweifel der frei gewordene Anteil den übrigen Erben im Verhältnis ihrer Anteile zufällt.[289] Dies gilt unabhängig davon, ob die Erbeinsetzung bestimmt oder unbestimmt vorgenommen wurde. Diese Regelung kommt allerdings nur zur Anwendung, sofern der Testator über die gesamte Verlassenschaft Verfügungen getroffen hat.[290] Nur in diesem Fall wird vermutet, dass der Testator mit der Verlassenschaft lediglich den eingesetzten Erben und sonst niemanden begünstigen wollte.[291] Sollte eine Anwachsung nicht möglich sein, erhalten gesetzliche Erben den freien Anteil.[292]

Zur Anwachsung kommt es lediglich dann, wenn letztwillig durch den Testator im Rahmen des Testaments kein Ersatzerbe bestimmt wurde. Weiters ist gesetzlich geregelt (§ 537 (2) ABGB), dass ein Erbe eines Erben (ein solcher Erbeserbe/Transmissar liegt vor, wenn der eingesetzte Erbe den Testator überlebt, jedoch unmittelbar darauf selbst verstirbt) dem Anwachsungsberechtigten vorgeht, wenn der eingesetzte Erbe erst nach Abgabe der Erbantrittserklärung verstirbt.[293]

Die dargestellten Ausführungen stellen Auslegungshilfen und Zweifelsregeln dar. Die Anwendung von Zweifelsregeln kann allerdings auch zu einem für den Erblasser unerwünschten Ergebnis führen.

Die Ersatz- und Nacherbschaft

Neben der schlichten Erbeinsetzung besteht die Möglichkeit für den Testator, noch weitere Personen zusätzlich als Erben vorzusehen. Zum einen kann Vorsorge für den Fall getroffen werden, dass der primär berufene Erbe die Erbschaft nicht erlangen kann („Ersatzerbschaft"). Es kann somit anstatt des verhinderten Erben ein Ersatzerbe bestimmt werden. Zum anderen kann aber auch nach dem primär bestimmten Erben ein weiterer Erbe vorgesehen werden, welcher nach dem primär berufenen Erben zum Zug gelangen soll („Nacherbschaft"). Auch Kombinationen zwischen Ersatz- und Nacherbschaft sind möglich.[294] Weiters gilt, dass ein Nacherbe im Zweifel auch Ersatzerbe ist. Enthält das Testament keine klare Formulierung, ist nach dem Gesetz die Einsetzung eines Ersatz- bzw Nacherben so zu verstehen, dass der Erbe in seiner Verfügungsfreiheit im geringsten Ausmaß belastet wird.[295]

Die Ersatzerbschaft

Nach Ableben des Testators treten oftmals Fragen auf, wenn der eingesetzte Erbe die Erbschaft nicht annehmen kann oder nicht annehmen will. Entweder kommen die Auslegungsregelungen zur Anwachsung in diesem Fall zur Anwendung oder es tritt uU unerwünschter Weise die gesetzliche Erbfolge ein. Dies kann durch Einsetzung von Ersatzerben vermieden werden, da diese Vorrang vor den gesetzlichen Erben haben. [296]

Die Ersatzerbschaft kann entweder zugunsten von einer Person oder zugunsten mehrerer (weiterer) Personen testamentarisch vorgesehen werden. Mehrere Ersatzerben können auch parallel berufen werden, sodass der Anteil des primär berufenen Erben zwischen ihnen aufgeteilt wird.[297] Wichtig ist, dass die Anordnungen des Testators in Bezug auf die Ersatzerbschaft erkennbar sind.[298]

Der Testator kann im Rahmen des Testaments allerdings den Ersatzerbfall frei bestimmen und konkretisieren.[299] Folgende Ersatzerbfälle sind denkbar: Erbunfähigkeit bzw Erbunwürdigkeit, Vorversterben, Erbverzicht, Erbausschlagung oder die Nicht-Erfüllung von vorgesehenen Bedingungen.[300]

Voraussetzung für die Ersatzerbschaft ist, dass der vorgesehene Ersatzerbe gegenüber dem Testator erbfähig ist und den Tod des Testators erlebt.[301] Der Ersatzerbe muss jedoch nicht den Moment erleben, in dem das Erbrecht des primär berufenen Erben erlischt (beispielsweise den Zeitpunkt, in dem sich der primär berufene Erbe entschlägt).[302]

Eine Ersatzerbschaft erlischt grundsätzlich, wenn der primär berufene Erbe die Erbschaft angetreten, also eine Erbantrittserklärung abgegeben hat. Das bedeutet, dass nach Abgabe der Erbantrittserklärung durch den primär berufenen Erben dieser sein Erbrecht an seine eigenen Erben weitergibt (Transmission), sollte der primär berufene Erbe versterben.[303] Verstirbt der primär berufene Erbe dagegen vor Abgabe der Erbantrittserklärung, kommt der Ersatzerbe zum Zug.

Sofern dem primär berufenen Erben Pflichten (wie etwa Auflagen oder Nacherbschaften) auferlegt wurden, gilt dies im Zweifel auch für den Ersatzerben und muss dieser diese Pflichten auch übernehmen.[304] Dies gilt nur, sofern der Wille des Testators nicht auf etwas anderes hindeutet.[305]

MUSTER

„Ich setze meinen Sohn Hans Glück, geboren am 16.07.1996, wohnhaft Musterstraße 2, 4892 Pfaffing, zu meinem Alleinerben ein. Für den Fall, dass mein Sohn Hans Glück nicht erben kann oder nicht erben will, setze ich als Ersatzerbin meine Schwester Gertrude Glück, geboren am 25.03.1974, wohnhaft Obergasse 13, 4320 Perg, ein."

Die Nacherbschaft

Der Testator kann darüber hinaus eine (bzw mehrere) Person(en) bestimmen, die erst nach einem zuvor berufenen Erben (Vorerben) erben soll. Es handelt sich um die Anordnung, dass ein Nacherbe vom zuvor eingesetzten Erben die Erbschaft zum Zeitpunkt des Nacherbfalls erlangen soll.[306] Die Nacherbschaft ist demnach ein probates Mittel, wodurch der Testator erreichen kann, dass die Vermögensbindung über einen gewissen Zeitraum sichergestellt ist.[307]

Die Nacherbschaft kann die gesamte Verlassenschaft oder nur einen Teil hiervon umfassen.[308] Sie bezieht sich immer auf die Verlassenschaft des Testators und die darin enthaltenen Vermögenswerte, nicht auf die Verlassenschaft des Vorerben.[309] Dies liegt daran, dass der Nacherbe Erbe des Testators und nicht des Vorerben wird, weil er seine Rechtsstellung vom Testator ableitet.[310]

Im Testament muss die Nacherbschaft erkennbar angeordnet werden. Grundsätzlich muss der Testator die Bestimmung, wer Nacherbe werden soll, selbst treffen. Grundsätzlich soll es ausreichen, wenn der Nacherbe „bestimmbar“ gemacht wird.[311] Um die Gültigkeit der Nacherbschaft nicht zu gefährden, sollte jedenfalls eine ausreichende Identifikation (durch Anführung des Vor- und Nachnamens sowie des Geburtsdatums) gewährleistet sein.

Hinsichtlich der Anzahl der Nacherben gibt es gesetzliche Restriktionen. Zwar kann der Testator so viele Zeitgenossen wie gewünscht als Nacherben vorsehen, die Einsetzung von Nicht-Zeitgenossen unterliegt jedoch Einschränkungen.[312] Als Zeitgenossen gelten jene natürlichen Personen, die im Moment der Errichtung des Testaments entweder bereits geboren oder bereits gezeugt waren.[313] Juristische Personen gelten nicht als Zeitgenossen.[314] Bei Geld und beweglichen Vermögensgegenständen (zB Fahrzeuge, Gemälde etc) ist eine Nacherbschaft, welche zugunsten von Nicht-Zeitgenossen angeordnet wird, für bis zu zwei Nacherbfälle möglich. Bei unbeweglichem Vermögen (zB Liegenschaften) ist nur ein Nacherbfall an Nicht-Zeitgenossen zulässig.[315] Diese Einschränkungen bestehen, um zu langfristige Vermögensbindungen zu verhindern.[316]

Hinsichtlich der Bestimmung des Nacherbfalles, also des Zeitpunktes, wann der Nacherbe die Verlassenschaft erhalten soll, ist der Testator grundsätzlich frei. Im Zweifel ist der Nacherbfall mit dem Ableben des Vorerben festgelegt. Der Vorerbe ist in diesem Fall ein auflösend befristeter Erbe, da der Tod eines Menschen sicher eintreten wird.[317]

Es kann jedoch – neben einem bestimmten Zeitpunkt – auch jeder Umstand für den Eintritt des Nacherbfalls vorgesehen werden, der nicht gegen die guten Sitten oder das Gesetz verstößt.[318] Möglich wäre beispielsweise, den Nacherbfall mit der Volljährigkeit eines im Zeitpunkt der Testamentserrichtung noch minderjährigen Kindes oder mit dem Abschluss eines Studiums zu bestimmen.

Wenn eine Nacherbschaft nicht klar formuliert wird, ist sie so auszulegen, dass der Erbe in seiner Verfügungsbefugnis am wenigsten eingeschränkt wird.[319] Daher ist im Zweifel eine Nacherbschaft auf den Überrest („befreite Vorerbschaft“) anzunehmen. Das bedeutet, dass der Vorerbe zu seinen Lebzeiten über die Verlassenschaft und die darin enthaltenen Vermögenswerte frei verfügen kann (dh diese verbrauchen, veräußern, verpfänden etc) und der Nacherbe lediglich das erhält, was beim Eintritt des Nacherbfalls (zumeist Ableben des Vorerbens) noch übrig ist.[320]

PRAXISTIPP

Obwohl aufgrund der gesetzlichen Auslegungsregelungen im Zweifel eine Nacherbschaft auf den Überrest anzunehmen ist, empfiehlt sich dennoch, dies im Rahmen des Testaments aus Sicherheitsgründen eigens festzuhalten. Soll eine „normale" Nacherbschaft (also mit keiner umfassenden Verfügungsbefugnis des Vorerben) angeordnet werden, muss dies jedenfalls ausdrücklich im Rahmen des Testaments vermerkt werden, denn die Folgen sind nicht unerheblich; so steht dem Vorerben in diesem Fall ein bloßes Nutzungsrecht zu.

MUSTER

„Ich setze meine Schwester Gertrude Glück, geboren am 25.03.1974, wohnhaft Obergasse 13, 4320 Perg, zu meiner Alleinerbin ein. Meine Schwester ist gegenüber meinem Sohn Hans Glück, geboren am 14.07.1996, wohnhaft Musterstraße 2, 4892 Pfaffing, Vorerbin hinsichtlich des von mir ererbten Vermögens, wobei meine Schwester als Vorerbin von sämtlichen Beschränkungen befreit ist, von denen nach dem Gesetz Befreiung erteilt werden kann (Nacherbschaft auf den Überrest gemäß § 609 ABGB). Der Nacherbfall tritt mit Ableben meiner Schwester ein."

Vermächtnisweise Zuordnung von Vermögensgegenständen

Grundsätzlich gehen bei einer Mehrzahl von Erben sämtliche Vermögensgegenstände quotenmäßig auf alle gemeinsam im Verhältnis ihrer Anteile über.[321] Es entsteht eine Miteigentumsgemeinschaft, die oftmals mit Konflikten zwischen den Erben verbunden ist.[322] Der Testator kann jedoch beispielsweise mittels Vermächtnissen oder Erbteilungsanordnungen einzelne Gegenstände bestimmten Erben oder auch dritten Personen im Sinne einer realen Aufteilung übertragen.[323] Dadurch können zukünftige Streitigkeiten vermieden werden.

Auch die Anordnung von Ersatz- und Nachvermächtnissen ist möglich. Die Regelungen zur Ersatz- und Nacherbschaft finden sinngemäße Anwendung.[324]

Sollte kein Ersatz- oder Nachvermächtnisnehmer mehr vorhanden sein oder will dieser das Vermächtnis nicht annehmen, wächst der „frei gewordene" Teil den übrigen Vermächtnisnehmern an, sofern das Vermächtnis mehreren Personen zugedacht war. Sollte die Anwachsung nicht möglich sein, verbleibt das Vermächtnis in der Verlassenschaft und fällt damit den Erben an.[325]

Unfallklausel

Grundsätzlich kann man nur Erbe einer Person werden, wenn man den Tod des Erblassers überlebt.[326] Kommen mehrere Personen bei demselben Unfall oder einem ähnlich schwerwiegenden Geschehen ums Leben, kann der genaue Todeszeitpunkt der einzelnen Personen oftmals nicht festgestellt werden. In diesen Fällen kann daher auch nicht festgestellt werden, ob eine der verstorbenen Personen aufgrund eines späteren Todeszeitpunkts noch Erbe einer anderen verstorbenen Person hätte werden können. In diesem Fall greift die sogenannte **Kommorientenvermutung** bzw auch Kommorientenpräsumption genannt. Diese besagt: Wenn nicht bewiesen werden kann, dass von mehreren Verstorbenen oder für tot erklärten Menschen der eine den anderen überlebt hat, wird vermutet, dass sie gleichzeitig gestorben sind.[327]

Im Rahmen des Testaments kann daher für den Fall vorgesehen werden, dass sämtliche eingesetzten Erben samt Nachkommen (beispielsweise der Ehegatte und der Testator mit sämtlichen Kindern) gemeinsam durch einen Unfall oder ein ähnliches Ereignis gleichzeitig oder als unmittelbare Folge kurz nacheinander versterben sollten, eine bestimmte dritte Person als Erbe eingesetzt wird.

MUSTER

„Für den Fall, dass mein Ehemann und ich zusammen mit sämtlichen leiblichen Abkömmlingen durch einen Unfall oder durch ein anderes Ereignis gleichzeitig oder als unmittelbare Folge eines solchen Ereignisses kurz nacheinander versterben sollten, setze ich meine Schwester Gertrude Glück, geboren am 25.03.1974, wohnhaft Obergasse 13, 4320 Perg, zu meiner Alleinerbin ein."

Bedingungen, Befristungen und Auflagen

In der letztwilligen Verfügung können Bedingungen, Befristungen und Auflagen vorgesehen werden.

Bedingungen

Die Beisetzung einer Bedingung bedeutet, dass die Zuwendung im Rahmen des Testaments vom Eintritt bzw Nichteintritt eines ungewissen zukünftigen Ereignisses abhängig gemacht wird. Je nachdem wird zwischen einer aufschiebenden (Suspensiv-)Bedingung, also dem Eintritt einer Rechtsfolge, oder einer auflösenden (Resolutiv)-Bedingung, dem Wegfall einer Rechtsfolge, unterschieden.[328]

Im Falle einer aufschiebenden Bedingung wird die Zuwendung erst dann wirksam, wenn die Bedingung eintritt. Sollte das Ereignis nicht eintreten, wird auch die Zuwendung nicht wirksam. Deshalb muss unbedingt geklärt werden, wer bis zu diesem Zeitpunkt das Erbe bzw die konkrete Zuwendung erlangen soll.

BEISPIEL

Die Enkelin soll das Sparbuch erhalten, wenn sie ein Studium abschließt.

Anders bei der auflösenden Bedingung: In diesem Fall erhält der Bedachte die Zuwendung sofort. Sollte aber die in der letztwilligen Verfügung vorgesehene Bedingung eintreten, geht auch die Zuwendung verloren.[329]

BEISPIEL

„Sollte meine Tochter eine Suchtkrankheit erleiden, wird mein Sohn Erbe meines Nachlasses."

Im Falle einer solchen Formulierung sollte jedoch auch geregelt werden, wem die Beurteilung obliegt, dass beispielsweise eine Suchtkrankheit vorliegt, und wie der Nachweis (etwa über ein Gutachten) erfolgen muss.

Kassatorische Klausel (Bestreitungsverbot)

Typischerweise werden in letztwilligen Verfügungen sogenannte „Bestreitungsverbote" aufgenommen. Dies bedeutet, dass die Erben (Ersatzerben) und/oder Vermächtnisnehmer die Zuwendung verlieren, wenn sie die letztwillige Verfügung „anfechten".

Mit solchen Regelungen soll vermieden werden, dass die begünstigten Personen mutwillig durch Erhebung einer Klage oder einer Einrede die Unwirksamkeit des Testaments herbeiführen.[330]

Bestreitungsverbote dürfen jedoch nicht so ausgestaltet sein, dass sie bei Bestreitung der Echtheit oder des Sinnes der letztwilligen Verfügung zu Sanktionen führen. Dies ist damit begründet, dass diese Bestreitungen eher der Durchsetzung des letzten Willens dienen und diesen nicht bekämpfen wollen. Solche Bestreitungsverbote sind darüber hinaus unwirksam, wenn sittenwidrige oder verbotene Anordnungen bekämpft werden, die Auslegung des Bestreitungsverbots selbst bekrittelt wird bzw Verstöße gegen Formvorschriften von Testamenten vorgebracht werden.[331]

Befristungen

Bei einer Befristung wird die Zuwendung im Rahmen der letztwilligen Verfügung von einem sicher eintretenden in der Zukunft liegenden Ereignis abhängig gemacht. Dies kann ein bestimmter Zeitpunkt oder das Ableben einer Person sein.

BEISPIEL

„Zum 31. Geburtstag erhält meine Tochter meinen Saphirring."

Auch eine Befristung kann aufschiebend oder auflösend ausgestaltet werden.

Im Unterschied zu einer aufschiebenden Bedingung muss der Bedachte die auflösende Befristung nicht erleben, um die entsprechenden Rechte zu vererben, da er diese Rechte bereits mit Erbfall erworben hat und somit an seine Erben übertragen kann.[332]

Auflagen

Eine sehr zentrale Rolle in der Gestaltung von Testamenten spielen sogenannte Auflagen. Durch die Aufnahme von Auflagen können Erben und/oder Vermächtnisnehmer verpflichtet werden, bestimmte Dinge zu tun (positive Auflage) oder zu unterlassen (negative Auflage).[333] Dadurch soll sichergestellt werden, dass die letztwillige Verfügung im Sinne des Erblassers umgesetzt wird. Es können aber auch Dritte bzw die Öffentlichkeit von der Auflage „profitieren".[334]

BEISPIELE

Anordnung, einer bestimmten Person ein Wohnungsgebrauchsrecht an einer Liegenschaft einzuräumen; Anordnungen in Bezug auf Grabpflege; Auftrag, eine bestimmte Summe für das Begräbnis zu verwenden bzw eine bestimmte Summe zu spenden; Einräumung von Veräußerungs- und Belastungsverboten.[335]

Mittels Auslegung ist festzustellen, ob die letztwillige Anordnung eine verbindliche Auflage enthält oder keine Pflicht auferlegt werden soll und die Anordnung lediglich als Rat, Bitte oder Wunsch zu werten ist.[336]

In der Praxis ist die Unterscheidung zwischen einer Bedingung und einer Auflage oftmals schwierig. Sollten diesbezüglich Auslegungsschwierigkeiten bestehen, wird grundsätzlich das Vorliegen einer Auflage angenommen. Dies wird damit begründet, dass zur Erfüllung einer Auflage im Zweifel eine annähernde Erfüllung genügt. Der mit der Auflage beschwerte Begünstigte hat daher lediglich erfolgsversprechende Maßnahmen zu setzen. Im Gegensatz dazu ist eine Bedingung exakt zu erfüllen und reicht eine nur annähernde Erfüllung nicht aus.[337]

Die Erfüllung einer Auflage – im Gegensatz zu einer Bedingung – ist durch Klage erzwingbar, wenn auflageberechtigten Personen (also Personen, die zur Durchsetzung der Auflage berechtigt sind; zB Testamentsvollstrecker,[338] Erbe [sofern er nicht selbst durch die Auflage beschwert oder begünstigt wird]) vorhanden sind.[339] Dh die Durchsetzung der Auflage kann im Zuge des Exekutionsverfahrens erfolgen.[340]

Sollte die Auflage durch den Erben und/oder Vermächtnisnehmer („Auflageverpflichtete") nicht (annähernd) erfüllt werden, kommt es zum Verlust der Zuwendung, da die Auflage im Zweifel als auflösende Bedingung zu behandeln ist (§ 710 ABGB). Diese Rechtsfolge tritt ipso iure ein, sodass derjenige, dem der Erbteil und/oder das Vermächtnis dann zufällt, dies im Zuge einer Klage durchsetzen kann.[341] Dies ist jedoch nur als Zweifelsregel zu verstehen. Geht ein anderer Wille des Testators aus dem Testament hervor, ist dieser vorrangig.[342] Da es sich um eine Zweifelsregelung handelt, kann im Rahmen des Testaments daher auch eine andere Folge der Nichterfüllung einer Auflage vorgesehen werden.

PRAXISTIPP

Jede Auflage selbst, die Auflagenverpflichteten, die Auflagenberechtigten und die Folgen der Nichterfüllung einer Auflage sollten im Testament klar definiert werden. Beispielsweise kann im Sinne der Sicherung von Familienvermögen als Auflage vorgesehen werden, dass die Kinder des Erblassers (als Erben) verpflichtet sind, bei zukünftiger Verehelichung bzw Verpartnerung einen Ehevertrag abzuschließen, in dem geregelt wird, dass der zukünftige Partner keinen Anspruch auf Vermögenswerte hat, die im Rahmen des Erbfalls an die Kinder übertragen wurden. Zusätzlich kann vorgesehen werden, dass der zukünftige Partner einen Pflichtteilsverzicht abzugeben hat. So kann die Zersplitterung von generationenübergreifendem Familienvermögen verhindert werden und den Kindern wird ein Instrument mitgegeben, wie sie den Partner zum Abschluss eines Ehevertrages veranlassen können.

MUSTER

In jedem Fall stelle ich die Erbeinsetzung und die Vermächtnisse unter die auflösende Bedingung, dass die jeweiligen Erben und Vermächtnisnehmer die Ansprüche aus diesem Testament verlieren, sofern sie eine der folgenden Auflagen nicht erfüllen:

→ Festschreibung der Zweifelsregel, wonach bei Nichterfüllung der Auflage die Zuwendung verlorengeht.

1.1. Den Erben, den Ersatzerben und den Vermächtnisnehmern ist es untersagt, dieses Testament anzufechten oder sonst einen gerichtlichen Streit im Zusammenhang mit diesem Testament und der darin geregelten Erbfolge anzustreben.

→ „Bestreitungsverbot" – dadurch soll sichergestellt werden, dass der Wille der Erblasserin auch umgesetzt wird (zur Begrenzung der Reichweite siehe Kapitel 4, Inhaltliche Ausgestaltung von Testamenten, Kassatorische Klausel).

1.2. Meiner Schwester, Eva Mayer, geboren am 12.05.1956, soll auf der Liegenschaft EZ 1, KG 11034 Wiesen ein Wohnungsgebrauchsrecht eingeräumt werden.

1.3. Es soll jährlich an meinem Geburtstag eine Messe in der Pfarre in Wiesen gehalten werden.

1.4. Als Auflagenberechtigte setze ich meine Tochter und meine Schwester ein.

→ Als auflageberechtigte Personen kommen zB Testamentsvollstrecker, Erben (sofern sie nicht selbst durch die Auflage beschwert bzw begünstigt werden) in Betracht.

Der Testamentsvollstrecker

Im Rahmen des Testaments steht es dem Testator auch offen, einen Testamentsvollstrecker zu ernennen.[343] Die Testamentsvollstreckung wird im österreichischen Recht sehr spärlich (anders als im deutschen BGB) in einem einzigen Paragraphen geregelt (§ 816 ABGB). Aus diesem Grund empfiehlt es sich, sofern der Wunsch besteht, einen Testamentsvollstrecker einzusetzen, diese Einsetzung und die damit verbundenen Rechte und Pflichten des Testamentsvollstreckers in der letztwilligen Verfügung möglichst detailliert zu regeln, um etwaige Rechtsunsicherheiten zu vermeiden.

Person des Testamentsvollstreckers

Der Testator ist in der Auswahl des Testamentsvollstreckers frei. Er kann sowohl eine natürliche, als auch eine juristische Person ernennen.[344] Der Testator kann im Rahmen des Testaments grundsätzlich auch mehrere Testamentsvollstrecker ernennen.[345]

PRAXISTIPP

Ist die Einsetzung von mehreren Testamentsvollstreckern gewünscht, empfiehlt es sich, eine Teilung der Aufgaben vorzusehen, da mangels einer solchen sämtliche Testamentsvollstrecker die Aufgaben gemeinsam zu erfüllen haben, was in der Regel Konfliktpotenzial birgt und zu erheblichen Zeitverzögerungen führen kann.[346] Weiters ist es sinnvoll, für den Ausfall des Testamentsvollstreckers im Rahmen des Testaments Vorsorge zu treffen und einen Ersatz zu bestimmen.[347]

Übernahme der Aufgabe

Erfolgte die Einsetzung eines Testamentsvollstreckers im Rahmen eines Testaments, hat das Verlassenschaftsgericht diesem die Ernennung bekanntzugeben. Der Testamentsvollstrecker kann sodann entscheiden, ob er die Aufgabe annimmt oder nicht. Auch schlüssiges Verhalten kann als Annahme gewertet werden (beispielsweise durch Tätigwerden des Testamentsvollstreckers).[348] Die Ablehnung hat hingegen durch Erklärung gegenüber dem Gericht zu erfolgen.[349] Etwaige Rechte und Pflichten des Testamentsvollstreckers entstehen erst mit Übernahme des Amtes.[350]

PRAXISTIPP

Die Einsetzung als Testamentsvollstrecker sollte unbedingt vom Testator vorab mit der jeweiligen Person abgeklärt werden, um zu vermeiden, dass die eingesetzte Person sich weigert, die Aufgabe zu übernehmen.

Rechte und Pflichten des Testamentsvollstreckers

Betreibung und Überwachung

Der Aufgabenbereich richtet sich grundsätzlich nach den Anordnungen im Rahmen des Testaments.[351] Da die Testamentsvollstreckung lediglich in einem Paragraphen geregelt ist, müssen die Einsetzung und die verbundenen Rechte und Pflichten des Testamentsvollstreckers im Testament möglichst konkret ausformuliert werden.

Prinzipiell hat der Testamentsvollstrecker nach der gesetzlichen Grundregel entweder die Funktion, als Machthaber die Anordnungen des Erblassers zu vollziehen oder deren Einhaltung zu überwachen und die säumigen Erben zur Vollziehung zu veranlassen (§ 816 ABGB).[352] Diese Rechte betreffen lediglich Regelungen im Rahmen des Testaments und keine gesetzlichen Verpflichtungen (wie zB die Leistung von Pflichtteilen).[353]

Eine mögliche Aufgabe ist daher die Überwachung der Erfüllung von Auflagen.

Verwaltung

Darüber hinaus kann der Testator dem Testamentsvollstrecker im Rahmen der zu besorgenden Aufgaben auch Verwaltungsfunktionen zuweisen.[354] Die Einsetzung im Testament bewirkt die Vertretungsbefugnis des Testamentsvollstreckers, jedoch nur in Bezug auf die Angelegenheiten, die der Testator zu Lebzeiten selbst oder durch bevollmächtigte Personen erledigen hätte können.[355]

Das bedeutet, der Testator kann nicht bestimmen, dass der Testamentsvollstrecker auch Verlassenschaftskurator wird. Diese Entscheidung obliegt dem Gericht, obwohl dieses den Testamentsvollstrecker tunlichst zu betrauen hat.[356] Der verwaltende Testamentsvollstrecker ist der Aufsicht durch das Verlassenschaftsgericht unterstellt und bedarf zu Einzelakten der gerichtlichen Ermächtigung. Es ist nicht abschließend geklärt, in welchen Fällen der Testamentsvollstrecker eine gerichtliche Ermächtigung zu Einzelakten benötigt.[357] Inwieweit diese Genehmigungspflicht in einer letztwilligen Verfügung vom Testator tatsächlich abbedungen werden kann, ist bis dato nicht geklärt. Die Aufnahme einer entsprechenden Bedingung, wonach der Testamentsvollstrecker keine gerichtliche Genehmigung einzuholen hat, stellt jedoch einen Versuch dar, um eine rasche Abwicklung sicherzustellen.

Der Testamentsvollstrecker kann daher grundsätzlich von den Verwaltungsaufgaben von allen Erben gemeinsam jederzeit und ohne Angaben von Gründen enthoben werden.[358] Möchte der Testator die Stellung des Testamentsvollstreckers sichern, kann er dies mittels Bedingungen und Auflagen umsetzen, sodass die Enthebung durch die Erben zum Verlust der jeweiligen Erbeinsetzung führen kann.[359]

Entgeltanspruch und Haftung

Dem Testamentsvollstrecker steht ein angemessenes Entgelt zu, wenn dies im Testament vorgesehen ist oder sich daraus ableiten lässt. Bei berufsmäßigen Testamentsvollstreckern, beispielsweise einem Notar oder Rechtsanwalt, gilt die Vermutung, dass Entgeltlichkeit gewünscht ist.[360] Der Testamentsvollstrecker hat zur Durchsetzung seiner Ansprüche jedenfalls kein Zurückbehaltungsrecht in Bezug auf Wertgegenstände, die sich bei ihm befinden.[361] Jedenfalls steht dem Testamentsvollstrecker aber ein Aufwand- und Schadenersatz zu.[362] Weiters haftet der Testamentsvollstrecker gegenüber den Erben für die ordnungsgemäße Erfüllung seiner Aufgaben, sofern ihm ein Entgeltanspruch zusteht.[363]

PRAXISTIPP

Die Entlohnung sollte im Rahmen des Testaments klar geregelt werden, um zukünftige Streitigkeiten zu vermeiden. Auch Bestimmungen zur Haftung (beispielsweise Haftungsausschluss für leichte Fahrlässigkeit) sind zu empfehlen. Sollte der Abschluss einer D&O-Versicherung (Directors-and-Officers-Versicherung; Vermögensschadenhaftpflichtversicherung) für den Testamentsvollstrecker (als Absicherung) gewünscht sein, sollte dies ebenfalls im Testament aufgenommen werden.

Ende der Testamentsvollstreckung

Die Testamentsvollstreckung endet grundsätzlich erst mit der vollständigen Erledigung sämtlicher Aufgaben. Das bedeutet, dass Überwachungs- und Betreibungspflichten nicht unbedingt mit Einantwortung zu Ende gehen. Kommen dem Testamentsvollstrecker jedoch lediglich Verwaltungsbefugnisse bezogen auf die Verlassenschaft zu, dann enden diese jedenfalls mit Einantwortung.[364]

Weiters kann das Gericht bei Vorliegen von wichtigen Gründen oder auch auf Antrag den Testamentsvollstrecker entheben.[365] Ein wichtiger Grund kann in einer mangelnden Unbefangenheit bei Interessenkollisionen oder auch in unwürdigem Verhalten (in Bezug auf das Vertrauen des Erblassers) liegen. Jedoch ist beispielsweise auch ein wichtiger Grund, wenn eine ordnungsgemäße Vollstreckung durch den Testamentsvollstrecker nicht erwartet werden kann.[366]

Letztlich endet das Amt des Testamentsvollstreckers bei dessen Ableben oder bei Eintritt von dessen Entscheidungsunfähigkeit sowie bei Tod des Erben, wenn der Testamentsvollstrecker in Bezug auf diesen Erben für die Überwachung einer Auflage zuständig war. Auch der Eintritt von Bedingungen oder Terminen im Testament kann die Beendigung herbeiführen.[367]

Exkurs: Testamentsvollstreckung bei minderjährigen Kindern

In der Beratungspraxis wird oft der Wunsch geäußert, auch minderjährige Personen im Rahmen eines Testaments zu bedenken. Die Einsetzung von minderjährigen Personen als Erben löst jedoch nachteilige Folgen aus. Beispielsweise können minderjährige Personen ihr Vermögen grundsätzlich nicht selbst verwalten, dafür sind deren gesetzliche Vertreter zuständig. Dabei bedürfen Vermögensangelegenheiten, die über den ordentlichen Wirtschaftsbereich hinausgehen (grob gesagt: alle Angelegenheiten, die einen Betrag von EUR 1.000,00 übersteigen), grundsätzlich der Zustimmung des zweiten Elternteils sowie der Zustimmung des Pflegschaftsgerichts. Oftmals kann es aber auch zB bei Miteigentum an einer Liegenschaft zu potenziellen Interessenskollisionen zwischen dem gesetzlichen Vertreter und der minderjährigen Person kommen; in diesen Fällen hat das Pflegschaftsgericht einen Kollisionskurator zu bestellen, was wiederum mit hohen Kosten und Zeitverzögerungen verbunden ist.

Im Testament kann daher aufgenommen werden, dass der Testamentsvollstrecker das Vermögen der minderjährigen Person verwaltet und für den Abschluss von Rechtsgeschäften des außerordentlichen Wirtschaftsbetriebes keiner gerichtlichen Genehmigung bedarf. Es ist allerdings darauf hinzuweisen, dass die Aufnahme dieser Bestimmungen einen Versuch darstellt, dem Testamentsvollstrecker maximale Flexibilität zu gewährleisten. Es besteht dennoch ein gewisses Restrisiko (mangels höchstgerichtlicher Rechtsprechung), dass dennoch eine gerichtliche Genehmigung erforderlich sein könnte.

Im Rahmen des Testaments könnten weitere sinnvolle Regelungen vorgenommen werden, wie beispielsweise, dass der Testamentsvollstrecker für eine standesgerechte Versorgung und Ausbildung des minderjährigen Kindes zu sorgen hat und das Vermögen nicht mündelsicher zu veranlagen ist. Diese Regelungen sind jedoch von Regelungen betreffend die Obsorge zu unterscheiden.[368] Das Ende der Testamentsvollstreckung kann sodann mit dem Erreichen des im Testament bestimmten Alters des minderjährigen Kindes vorgesehen werden.

Die Rechtswahl

Für Österreich gilt bei internationalen Erbrechtssachverhalten als Mitgliedstaat der Europäischen Union die EuErbVO.[369] Diese ist auf die Rechtsnachfolge von Personen anzuwenden, die nach dem 16.08.2015 verstorben sind. Der Anwendungsbereich dieser Verordnung umfasst die Rechtsnachfolge von Todes wegen, also den Übergang von Vermögenswerten, Rechten und Pflichten durch gewillkürte (letztwillige) und gesetzliche Erbfolge.[370]

Das anwendbare materielle Erbrecht ist nach der EuErbVO das Recht desjenigen Staates, in dem der Erblasser zum Zeitpunkt seines Todes seinen gewöhnlichen Aufenthalt hatte (Art 21 EuErbVO).[371] Die Ermittlung des gewöhnlichen Aufenthalts ist in der Praxis jedoch oft schwierig. Als gewöhnlicher Aufenthalt gilt jener Ort, zu dem der Erblasser unter Einbeziehung aller Umstände die intensivste Verbindung hatte, also wo sich sein Lebensmittelpunkt im Ablebenszeitpunkt befand. Eine Gesamtbeurteilung der Lebensumstände ist geboten.[372] Besonders wichtige Merkmale für die Ermittlung des gewöhnlichen Aufenthalts sind die Dauer, die Gründe und die Regelmäßigkeit des Aufenthalts.[373]

Theoretisch ist demnach eine Verschiebung des gewöhnlichen Aufenthalts durch längere Auslandsaufenthalte denkbar. Dies könnte dazu führen, dass unerwünschter Weise nach dem Ableben des Erblassers das Recht eines anderen Staates anzuwenden ist und dadurch uU das ursprüngliche Testament bzw einzelne Regelungen des Testaments mit den Bestimmungen des anzuwendenden materiellen Rechts des anderen Staates nicht im Einklang stehen. Das jeweilige materielle Recht der Mitgliedstaaten der EuErbVO kann – im Vergleich zum österreichischen Recht – sehr unterschiedlich ausgestaltet sein. Da in der Praxis sowohl der Ablebenszeitpunkt selbst als auch der Aufenthaltsort im Ablebenszeitpunkt schwer planbar sind, bringt dies (vor allem bei sehr „mobilen" Personen) eine gewisse Rechtsunsicherheit mit sich.

Dieser Rechtsunsicherheit kann mit einer Rechtswahl begegnet werden. Der Testator kann eine Rechtswahl zu dem Recht jenes Staates treffen, dem er entweder (i) im Zeitpunkt der Rechtswahl oder (ii) im Zeitpunkt des Ablebens angehört hat (Staatsangehörigkeit, Art 22 EuErbVO) und damit das auf seine Verlassenschaft anwendbare materielle Recht – unabhängig vom gewöhnlichen Aufenthalt im Ablebenszeitpunkt – festlegen.

MUSTER

„Mein Erbfall, insbesondere dieses Testament, unterliegt ausschließlich österreichischem Recht unter Ausschluss der Verweisungsnormen. Dies gilt auch, wenn ich meinen gewöhnlichen Aufenthalt ins Ausland verlege."

Die Aufnahme einer Rechtswahl zum Recht der Staatsbürgerschaft des Erblassers im Rahmen eines Testaments bietet Sicherheit und Klarheit in Bezug auf das anwendbare Recht, da die Feststellung des gewöhnlichen Aufenthalts oft mit Komplikationen verbunden ist. Jedoch gilt es vorab abzuwägen, welches Recht für den Testator vorteilhafter ist (Recht des Staatsangehörigkeitsstaates oder Recht des gewöhnlichen Aufenthaltsstaates).

PRAXISTIPP

Ein Vergleich der in Betracht kommenden materiellen Bestimmungen der jeweiligen Mitgliedstaaten ist jedenfalls sinnvoll. Sofern diese Prüfung zu dem Ergebnis gelangt, dass das ausländische Recht besser für die Wünsche des Testators geeignet ist, sollte keine Rechtswahl zu österreichischem Recht (sofern aufgrund der Staatsangehörigkeit möglich) getroffen werden.

Jedoch zeigt sich in der Praxis, dass insbesondere das Pflichtteilsrecht in Österreich im Vergleich zu anderen Mitgliedstaaten große Flexibilität aufweist.[374] Zum einen besteht ein großer Spielraum in Bezug auf die Möglichkeiten der Deckung des Pflichtteils, zum anderen gibt es Regelungen zur Stundung und

Minderung des Pflichtteils. Auch sehen die gesetzlichen Regelungen die Möglichkeit einer Ratenzahlung oder eines Pflichtteilsverzichts vor.

Diese Flexibilität des Pflichtteilsrechts würde verloren gehen, wenn der Erblasser nach Errichtung seines Testaments seinen gewöhnlichen Aufenthalt in einen anderen Mitgliedstaat verlegt und dadurch die Anwendbarkeit von österreichischem Erbrecht ausgeschlossen ist, sofern keine Rechtswahlklausel im Testament vorgesehen ist. Aus diesem Grund ist der Vergleich der jeweiligen in Betracht kommenden materiellen Bestimmungen der Mitgliedstaaten wichtig, aber auch das sich aus der Zuständigkeit ergebende Verfahrensrecht sollte geprüft werden.

Beispielsweise gestaltet sich das österreichische Verlassenschaftsverfahren teilweise komplizierter und langwieriger als in anderen Mitgliedstaaten. Auch die Kosten, die im Zusammenhang mit dem Verlassenschaftsverfahren anfallen, sind nicht gering. Primär handelt es sich hierbei um die Gerichtsgebühren gemäß dem Gerichtsgebührengesetz (GGG), die Gebühren des Gerichtskommissärs gemäß dem Gerichtskommissionstarifgesetz (GKTG) sowie allfällige Gebühren von Sachverständigen gemäß dem Gebührenanspruchsgesetz (GebAG) und allfällige Vertretungskosten gemäß dem Rechtsanwaltstarifgesetz (RATG).[375]

Darüber hinaus ist sicherzustellen, dass ein Gleichklang zwischen Zuständigkeit und anwendbarem Recht gesichert ist. Das bedeutet, dass jedenfalls vermieden werden sollte, dass ein Gericht eines Mitgliedstaats das Recht eines anderen Mitgliedstaats anzuwenden hat. Die Erben und/oder Vermächtnisnehmer können etwa im Rahmen einer Auflage verpflichtet werden, basierend auf der vom Erblasser getroffenen Rechtswahl eine korrespondierende Gerichtsstandsvereinbarung[376] abzuschließen, um einen Gleichklang zwischen der Gerichtszuständigkeit und dem anwendbaren Recht im Verlassenschaftsverfahren herzustellen.

Weitere mögliche Regelungsinhalte

Neben den dargestellten sinnvollen inhaltlichen Ausgestaltungsmöglichkeiten im Rahmen eines Testaments können noch weitere sinnvolle Regelungsinhalte aufgenommen werden.

Vorsorge Minderjährigkeit

Im Testament können Regelungen aufgenommen werden, was geschehen soll, wenn die Vormünder (gesetzlichen Vertreter) von minderjährigen Personen ableben. Beispielsweise kann im Rahmen des Testaments der Wunsch geäußert werden, dass eine Vertrauensperson als Vormund des Kindes (im Sinne einer Obsorgeregelung) bestellt werden soll. Bei diesen Regelungen handelt es sich lediglich um einen Wunsch des Testators, da das Pflegschaftsgericht immer anhand des Kindeswohls entscheidet, jedoch diesen Wunsch mitberücksichtigen kann und dies in der Praxis meist auch tut.[377]

Sofern ein Erbe oder eine pflichtteilsberechtigte Person minderjährig ist, ergeben sich weiters aufgrund der noch nicht gänzlich vorhandenen Geschäftsfähigkeit der minderjährigen Person im Verlassenschaftsverfahren oftmals Schwierigkeiten. Zum einen aufgrund des Erfordernisses von gerichtlichen Genehmigungen,[378] zum anderen, weil die Interessen des gesetzlichen Vertreters und die Interessen der minderjährigen Person potenziell oft widersprüchlich sind (zum Beispiel, wenn sowohl die Witwe als auch das Kind Erben sind).

Bei Interessenskollisionen hat das Gericht einen Kollisionskurator zu bestellen (dies gilt auch für sonst schutzberechtigte Personen, wenn sie aus einem anderen Grund als der Minderjährigkeit alle oder einzelne Angelegenheiten selbst nicht besorgen können[379]).[380] Bei der Einsetzung minderjähriger Personen empfiehlt sich daher – zusätzlich zu den Regelungen über die Testamentsvollstreckung – eine Klausel im Testament vorzusehen, wonach eine gewisse Person gewünscht ist, die vom Gericht als Kollisionskurator bestellt werden soll. In diesem Zusammenhang ist darauf hinzuweisen, dass dieser Wunsch für das Gericht nicht verbindlich ist. In der Regel wird das Gericht versuchen, den letzten Willen des Erblassers umzusetzen, sofern keine triftigen Gründe gegen die Bestellung des vorgeschlagenen Kollisionskurators sprechen.

Vorsorge Scheidung / Auflösung Lebensgemeinschaft

Nach der gesetzlichen Konzeption wird durch Auflösung der Ehe, der eingetragenen Partnerschaft oder der Lebensgemeinschaft eine davor errichtete letztwillige Verfügung grundsätzlich aufgehoben, wenn diese den ehemaligen

Ehegatten bzw eingetragenen Partner begünstigt (§ 725 ABGB). Es wird daher ein Widerruf vermutet, welcher aber nur greift, wenn keine gegenteiligen Anordnungen im Rahmen des Testaments enthalten sind. Selbiges gilt bei Aufhebung und Widerruf einer Abstammung / Adoption.[381]

Es empfiehlt sich daher, zur Vermeidung von zukünftigen Streitigkeiten im Rahmen des Testaments genau zu regeln, ob bei Scheidung / Auflösung der Ehe bzw eingetragenen Partnerschaft oder Lebensgemeinschaft und Aufhebung und Widerruf der Abstammung bzw Adoption eine Begünstigung der betroffenen Person weiterhin gewünscht ist.[382] Das ist bei Lebensgemeinschaften besonders wichtig, da hier das Ende (oder der „Schlussmachzeitpunkt") oftmals im Nachhinein schwer nachweisbar ist.

Vorsorge digitaler Nachlass

In der Beratungspraxis zeigt sich vermehrt der Wunsch bzw das Erfordernis, auch den digitalen Nachlass zu regeln. Der digitale Nachlass umfasst ua Online-Accounts, Online-Zahlungsdienste, Social-Media-Accounts, E-Mail-Accounts, Cloud-Dienste, Domains, Websites, Apps usw.[383]

Im Zuge der Testamentserrichtung sollten Überlegungen des Erblassers angestellt werden, was mit den Daten nach dem Ableben konkret geschehen soll. Beispielsweise könnte vorgesehen werden, dass bestimmte Daten oder Accounts an gewünschte Personen vermacht werden. Auch die Löschung von Accounts könnte im Testament als Auflage vermerkt werden.[384]

PRAXISTIPP

Bereits zu Lebzeiten sollten wichtige Dokumente und Daten gesichtet und beispielsweise auf externen Festplatten gespeichert werden. Weiters sollten Nutzungsbedingungen zu Lebzeiten schon aufmerksam hinsichtlich besonderer Regelungen für den Ablebensfall studiert werden. Jedenfalls empfiehlt sich die Hinterlegung der Daten und Passwörter bei einem Notar, Rechtsanwalt oder in einem Bankschließfach, um den Zugriff der Erben nach dem Ableben zu gewährleisten.[385]

Fehlerquellen

Nachfolgend werden die zu vermeidenden inhaltlichen Fehlerquellen zusammenfassend dargestellt.

- Fehlerquelle 1: Der oder die Erbe(n) ist bzw sind nicht klar bestimmt.
- Fehlerquelle 2: Die Quoten der einzelnen Erben sind nicht bestimmt.
- Fehlerquelle 3: Es wurde nicht über die gesamte Verlassenschaft verfügt.
- Fehlerquelle 4: Es ist keine Vorsorge für den Fall getroffen worden, in dem der gewünschte Erbe die Erbschaft nicht annehmen kann oder nicht annehmen will.
- Fehlerquelle 5: Im Testament ist keine Rechtswahlklausel enthalten. Es besteht die Gefahr, dass das Recht eines anderen Mitgliedstaates zur Anwendung gelangt.
- Fehlerquelle 6: Eine minderjährige Person wurde als Erbe eingesetzt, ohne, dass weitere Vorsorge (etwa Regelungen zur Testamentsvollstreckung; Nennung von Personen, die vom Gericht als Kollisionskurator bestellt werden sollen etc) getroffen wurde.
- Fehlerquelle 7: Es wurde keine Vorsorge getroffen, sofern die Ehe, eingetragene Partnerschaft bzw Lebensgemeinschaft im Zeitpunkt des Ablebens des Erblassers nicht mehr bestehen sollte.

Praxistipps

Zusätzlich zu jenen Formulierungsvorschlägen und Praxistipps, die beim jeweiligen Unterkapitel angeführt wurden, empfiehlt es sich, folgende Themen zu bedenken und gegebenenfalls im Testament aufzunehmen:

- Der Pflichtteilsanspruch der pflichtteilsberechtigten Personen wurde vollständig bedacht, sodass sichergestellt ist, dass die pflichtteilsberechtigten Personen keine Pflichtteilsergänzungsansprüche geltend machen. Der Abschluss von Pflichtteilsverzichtsverträgen zu Lebzeiten des Erblassers kann diesbezüglich ein probates Mittel darstellen.
- Sollen Geschäfts- bzw Gesellschaftsanteile im Erbweg übertragen werden, müssen die Regelungen im Testament mit jenen in den Gesellschaftsverträgen übereinstimmen. Die Regelungen im Rahmen der Gesellschaftsver-

träge können nämlich Verfügungen im Rahmen eines Testaments entgegenstehen und diesem vorgehen. Auch etwaige Verfügungen in Bezug auf Privatstiftungen (zB Zuwendungen an eine Privatstiftung) sollten mit der Stiftungserklärung abgestimmt sein.

- ➜ Außerdem sollte das Testament mit einer etwaigen Vorsorgevollmacht (insbesondere, wenn deren Wirkung über den Tod hinaus erstreckt wurde) übereinstimmen. In diesem Fall kann als Auflage vorgesehen werden, dass eine bestehende Vorsorgevollmacht – soweit diese eine Wirkungserstreckung über den Tod hinaus vorsieht – frühestens nach Abschluss des Verlassenschaftsverfahrens durch die bevollmächtigte Person und den Erben widerrufen werden darf. Dadurch wird sichergestellt, dass eine einheitliche Nachlassverwaltung erfolgt. Weiters können Gründe angeführt werden, die die Erben dazu berechtigen, die Vorsorgevollmacht vorzeitig (vor Abschluss des Verlassenschaftsverfahrens) zu widerrufen (zB Eintritt Entscheidungsunfähigkeit, Einleitung Insolvenzverfahren etc).
- ➜ Das Testament sollte immer wieder auf Aktualität geprüft werden, da sich sowohl die Judikatur, die Vermögenswerte als auch die Lebensumstände öfter und schneller ändern, als man denkt. Eine Prüfung des Testaments alle drei bis fünf Jahre ist daher äußerst ratsam („TÜV-Kontrolle“).

Exkurs: Vorsorgevollmacht und Patientenverfügung

Im Rahmen der Vorsorge- und Nachfolgeplanung spielt nicht nur die Errichtung des Testaments eine zentrale Rolle, sondern auch die Ausgestaltung sonstiger Dokumente. Im Rahmen dieses Exkurses sollen die wichtigsten Überlegungen und Zielsetzung einer Vorsorgevollmacht sowie einer Patientenverfügung angeführt werden.

Vorsorgevollmacht

Verliert eine Person ihre Entscheidungsfähigkeit, kann in letzter Konsequenz ein (fremder, uU ungeeigneter) Erwachsenenvertreter durch das Gericht bestellt werden. Die Entscheidungsfähigkeit hat gemäß § 24 Abs 2 ABGB drei

Voraussetzungen. Erstens die Fähigkeit, die Folgen des Handelns im jeweiligen Zusammenhang zu verstehen, zweitens, seinen Willen danach zu bestimmen, und drittens, sich entsprechend zu verhalten.[386]

Die Bestellung eines gerichtlichen Erwachsenenvertreters kommt dann in Frage, wenn die entscheidungsunfähige Person weder eine Vorsorgevollmacht errichtet, noch einen Erwachsenenvertreter gewählt[387] hat und auch kein gesetzlicher Erwachsenenvertreter in Betracht kommt.[388]

Eine gerichtliche Erwachsenenvertreterbestellung[389] hat im Wesentlichen folgende vielfach unerwünschte Konsequenzen:

- Erfordernis der mündelsicheren Veranlagung des Vermögens im Inland;
- Notwendigkeit einer pflegschaftsgerichtlichen Genehmigung für Vermögensangelegenheiten, die nicht zum ordentlichen Wirtschaftsbetrieb gehören;
- Regelmäßige Berichterstattung und Rechnungslegung an das Pflegschaftsgericht;
- Kosten des Erwachsenenvertreters: bis zu 10 % des Nettoeinkommens und 2 % des Vermögens jährlich;
- Offenlegung des gesamten Vermögens; und
- Ausübung der zB Gesellschafterrechte, Stifterrechte durch den Erwachsenenvertreter.

Diese Folgen sind weitgehend auch bei den übrigen beiden Formen der (gewählten und gesetzlichen) Erwachsenenvertretung gegeben. Darüber hinaus gilt bei der gesetzlichen Erwachsenenvertretung[390] (bei der die nächsten Angehörigen als Erwachsenenvertreter in Frage kommen) das Prinzip „First come, first serve“: Wer als Erster die Vertretung als Erwachsenenvertreter registrieren lässt (zB die ungeliebte Nichte), schließt damit andere Angehörige aus. Diese Gefahr kann durch die Eintragung eines Widerspruchs eingedämmt werden.[391]

Zur Vermeidung der negativen Folgen der Erwachsenenvertreterbestellung, besteht die Möglichkeit der Errichtung einer Vorsorgevollmacht, mit der eine bevollmächtigte Person mit der Vertretung vor Behörden und anderen Institutionen sowie in Aufenthalts- und Wohnungs-, Vermögens-, abgabenrechtlichen- und Gesundheitsangelegenheiten betraut wird.[392]

Für die Errichtung wird das Vorliegen der für die Erteilung einer Vollmacht erforderlichen Entscheidungsfähigkeit vorausgesetzt und sollte nicht auf ewig aufgeschoben werden, nach dem Motto: „je früher desto besser“.[393]

Die Errichtung einer Vorsorgevollmacht ist vor einem Notar, Rechtsanwalt oder Erwachsenenschutzverein möglich. Sie kann nur höchstpersönlich errichtet werden und bedarf der Schriftlichkeit.[394] Je nach Art der übertragenen Angelegenheiten können erhöhte Formvorschriften (Beglaubigung der Unterschrift bzw Notariatsakt) notwendig sein. Die Vertretungsbefugnis kann für einzelne oder Arten von Angelegenheiten (Gattungsvollmacht ist ausreichend) erteilt werden.

Voraussetzung für die Aktivierung einer Vorsorgevollmacht ist einerseits, dass der „Vorsorgefall“ eingetreten sein muss, und andererseits, dass die Vorsorgevollmacht im Österreichischen Zentralen Vertretungsverzeichnis (ÖZVV) eingetragen ist (gemäß § 245 Abs 1 ABGB, konstitutive Wirkung der Eintragung). Der Vorsorgefall tritt dann ein, wenn der Vollmachtgeber die zur Besorgung der anvertrauten Angelegenheiten erforderliche Entscheidungsfähigkeit verliert. Für den Eintritt des Vorsorgefalls spielen Altersgrenzen keine Rolle.[395] Der Eintritt des Vorsorgefalls ist mit ärztlichem Zeugnis nachzuweisen.[396] Da das Gesetz nur von der Vorlage eines ärztlichen Zeugnisses spricht, empfiehlt es sich in der Praxis, eine Spezifizierung dahingehend vorzunehmen und die Vorlage eines ärztlichen Zeugnisses von einem Facharzt der Neurologie zu verlangen.

Die Vorsorgevollmacht wird also erst dann aktiviert, wenn der Vollmachtgeber seine Entscheidungsfähigkeit verliert. Mit der Vorsorgevollmacht kann der Vollmachtgeber noch vor Verlust seiner Entscheidungsfähigkeit autonom entscheiden und seine Vertrauensperson für den Eintritt des Vorsorgefalls bestimmen. Bei der Vorsorgevollmacht kann grundsätzlich jede natürliche oder juristische Person als bevollmächtigte Person vorgesehen werden, sofern kein Ausschlussgrund gemäß § 243 ABGB vorliegt.

Demnach kann nicht als Bevollmächtigter bestellt werden, wer selbst schutzberechtigt ist (zB Minderjährige), eine dem Wohl der volljährigen Person förderliche Ausübung der Vertretung nicht erwarten lässt (zB aufgrund einer strafgerichtlichen Verurteilung) oder in einem Abhängigkeitsverhältnis oder in einer vergleichbar engen Beziehung zu einer Einrichtung steht, in der sich die volljährige Person aufhält oder betreut wird.[397]

Man kann im Rahmen der Vorsorgevollmacht auch klare Aufträge erteilen und Richtlinien vorgeben. Wurde eine Vorsorgevollmacht errichtet, ist die Bestellung eines gerichtlichen Erwachsenenvertreters grundsätzlich ausgeschlossen.

Der Vollmachtgeber kann eine oder mehrere Personen bevollmächtigen, ihn zu vertreten. Dadurch kann eine Aufgabenverteilung vorgenommen und so sichergestellt werden, dass die Angelegenheiten je nach dem vom Vollmachtgeber entgegengebrachten Vertrauen verteilt bzw eingeschränkt werden; es sollte vorab mit dem jeweiligen Bevollmächtigten Rücksprache gehalten und die Bereitschaft der Übernahme der Aufgaben besprochen werden.

Soll die Vermögensverwaltung aufgrund der komplexen Vermögensstruktur in professionelle Hände gelegt werden, besteht die Möglichkeit der Errichtung einer eigenen Vorsorgevollmacht für die Vermögensverwaltung (zB Verwaltung der Geschäftsanteile und Liegenschaften), in der eine bevollmächtigte Person mit einschlägigen Fachkenntnissen betraut wird.

Die sonstigen Lebensbereiche (Gesundheit, Wohnen, Behörden) können getrennt von einer anderen bevollmächtigten Person übernommen werden.

Bei der Vorsorgevollmacht gibt es keine laufende gerichtliche Kontrolle. Erforderlich ist die gerichtliche Genehmigung lediglich bei dauerhafter Wohnortveränderung ins Ausland (§ 257 Abs 4 ABGB), bei Dissens hinsichtlich medizinischer Behandlung zwischen Vertreter und Vertretenem (§ 254 ABGB), bei Zustimmung zu einer Sterilisation (§ 255 Abs 2 ABGB) sowie bei Zustimmung zur medizinischen Forschung (§ 256 Abs 2 ABGB).[398]

Für die gültige Errichtung einer Vorsorgevollmacht nach österreichischem Recht ist es notwendig, dass sämtliche Angelegenheiten, zu deren Besorgung die Vollmacht erteilt werden soll, bestimmt in der Vorsorgevollmacht angeführt werden. Das bedeutet, dass Geschäftsanteile, Liegenschaften, Konten, Depots, Sparbücher und Schließfächer etc, über welche die bevollmächtigte Person im Rahmen der Vorsorgevollmacht verfügen soll, sowie auch der Umfang der Verfügungsmacht in der Vorsorgevollmacht daher im Detail angegeben werden müssen.

Die Vorsorgevollmacht gilt unbefristet,[399] kann jedoch vom Vollmachtgeber jederzeit widerrufen werden.

Patientenverfügung

Mit einer Patientenverfügung können bestimmte medizinische Behandlungen für die Zukunft abgelehnt werden. Die Patientenverfügung wird wirksam, wenn der Patient nicht mehr einsichts-, urteils- oder äußerungsfähig ist (zB durch Verlust der Fähigkeit, zu sprechen, oder Bewusstseinsverlust). Kann sich der Patient nicht mehr äußern, haben die behandelnden Ärzte den Willen des Patienten zu erforschen; als konkrete Willensäußerung des Patienten ist die Patientenverfügung – je nach Ausgestaltung – von den Ärzten als Ausdruck des Willens des Patienten zu beachten. Entscheidend ist, ob eine verbindliche oder eine nicht-verbindliche Patientenverfügung errichtet wird.

Eine **verbindliche Patientenverfügung** bindet den behandelnden Arzt und sonstige Beteiligte (zB Erwachsenenvertreter, Angehörige oder Gericht) in gleicher Art und Weise, wie dies eine aktuelle Behandlungsverweigerung eines einsichts- und urteils- sowie äußerungsfähigen Menschen tun würde. Aufgrund der weitreichenden Wirkungen sieht das Gesetz bestimmte formelle und inhaltliche Kriterien zur Errichtung voraus; neben der umfangreichen ärztlichen sowie juristischen Aufklärung[400] und die Begrenzung der Wirksamkeit für die Dauer von acht Jahren ab Errichtung, ist darauf hinzuweisen, dass eine konkrete Beschreibung der abgelehnten Maßnahmen zur Wirksamkeit erforderlich ist.[401] Aus diesem Grund ist die Errichtung einer verbindlichen Patientenverfügung nur bei Vorliegen einer konkreten Vorerkrankung oder einer akuten Erkrankung zu empfehlen.

Alle Patientenverfügungen, die nicht den Formerfordernissen der verbindlichen Patientenverfügung entsprechend errichtet worden sind, sind **nicht-verbindliche Patientenverfügungen**. Der in der nicht-verbindlichen Patientenverfügung zum Ausdruck gebrachte Wille ist dabei vom behandelnden Arzt zu beachten; für die konkrete Entscheidung wird aber eine vertretungsbefugte Person herangezogen. Je mehr eine nicht-verbindliche Patientenverfügung den Vorgaben einer verbindlichen Patientenverfügung entspricht, desto eher ist sie auch zu beachten.[402]

PRAXISTIPP

Im Vorfeld der Entscheidung, ob eine verbindliche oder nicht-verbindliche Patientenverfügung besser geeignet ist, sollte jedenfalls ein Gespräch mit einem Vertrauensarzt geführt werden, um Wünsche und Vorstellungen des Patienten für den Fall der Inanspruchnahme der Patientenverfügung bereits vorab abzuklären.

Kapitel 5

Checklisten

Eigenhändiges Testament:

	Ja	Nein
Eigenhändig verfasst durch den Testator?		
Eigenhändig unterfertigt durch den Testator?		
Datum und Ort beigefügt? (optional, aber empfehlenswert!)		
Sofern mehrere Blätter verwendet wurden: Ist eine äußere Urkundeneinheit (vor Unterfertigung) hergestellt worden und zu bejahen?		

Fremdhändiges Testament:

	Ja	Nein
Eigenhändig unterfertigt durch den Testator?		
Handschriftliche Nuncupatio durch den Testator?		
Datum und Ort beigefügt? (optional, aber empfehlenswert!)		
Handschriftliche Unterfertigung durch drei Zeugen?		
Handschriftlicher Zeugenzusatz durch drei Zeugen?		
Identifizierbarkeit der drei Zeugen gewährleistet?		
Sofern mehrere Blätter verwendet wurden: Ist eine äußere Urkundeneinheit (vor Unterfertigung) hergestellt worden und zu bejahen?		

Sonstiges:

	Ja	Nein
Vorsorge Pflichtteilsansprüche?		
Vorsorge Minderjährigkeit?		
Vorsorge Scheidung / Auflösung Lebensgemeinschaft?		
Kohärenz mit Gesellschaftsverträgen / Stiftungserklärungen?		
Rechtswahl?		
Sonstige Vorsorge- und Nachfolgedokumente notwendig (Vorsorgevollmacht bzw Patientenverfügung)?		
Registrierung und ordnungsgemäße Verwahrung des Testaments erfolgt?		

Endnoten

1 Siehe hierzu Kapitel 1, Rahmenbedingungen der Nachfolgeplanung, Gesetzliche Erbfolge.

2 Siehe hierzu Kapitel 4, Inhaltliche Ausgestaltung von Testamenten.

3 Siehe hierzu Kapitel 3, Fremdhändige Testamente, Erfordernis der Urkundeneinheit.

4 Siehe hierzu Kapitel 1, Rahmenbedingungen der Nachfolgeplanung, Testamentsformen – ein Überblick.

5 Siehe hierzu Kapitel 3, Fremdhändige Testamente, Erfordernis der Urkundeneinheit.

6 Siehe hierzu Kapitel 3, Fremdhändige Testamente, Erfordernis der Urkundeneinheit.

7 Siehe hierzu Kapitel 2, Eigenhändige Testamente.

8 Bundesgesetz, mit dem das Allgemeine bürgerliche Gesetzbuch, das Anerbengesetz, das Außerstreitgesetz, das Gerichtsgebührengesetz, das Gerichtskommissärsgesetz, das Gerichtskommissionstarifgesetz, das allgemeine Grundbuchsgesetz 1955, das IPR-Gesetz, die Jurisdiktionsnorm, das Kärntner Erbhöfegesetz 1990, die Notariatsordnung, das Rechtspflegergesetz, das Tiroler Höfegesetz, das Wohnungseigentumsgesetz 2002 und die Kaiserliche Verordnung über die dritte Teilnovelle zum Allgemeinen bürgerlichen Gesetzbuch geändert werden (Erbrechts-Änderungsgesetz 2015 – ErbRÄG 2015), BGBl I 2015/87.

9 Siehe hierzu Kapitel 4, Inhaltliche Ausgestaltung von Testamenten, Rechtswahl.

10 Siehe hierzu Kapitel 1, Rahmenbedingungen der Nachfolgeplanung, Pflichtteilsrecht.

11 Siehe hierzu Kapitel 1, Rahmenbedingungen der Nachfolgeplanung, Testierfähigkeit.

12 Siehe hierzu Kapitel 3, Fremdhändige Testamente, Exkurs: Formungültigkeit des Testaments in der Praxis.

13 Siehe hierzu Kapitel 3, Fremdhändige Testamente, Erfordernis der Urkundeneinheit.

14 Siehe hierzu Kapitel 4, Inhaltliche Ausgestaltung von Testamenten, Weitere mögliche Regelungsinhalte.

15 zB Novellierung des Erwachsenenschutzrechts und der Patientenverfügungen.

16 Siehe hierzu Kapitel 4, Inhaltliche Ausgestaltung von Testamenten, Exkurs: Vorsorgevollmacht und Patientenverfügung.

17 Siehe hierzu Kapitel 4, Inhaltliche Ausgestaltung von Testamenten, Exkurs: Vorsorgevollmacht und Patientenverfügung.

18 *Welser,* Erbrechts-Kommentar § 729 ABGB (2018) Rz 1; *Scheuba* in *Kletečka/Schauer,* ABGB-ON § 728 (2018) Rz 2 f.

19 *Ferrar/Likar-Peer* in *Ferrari/Likar-Peer,* Erbrecht[2] Kap 4 (2020) Rz 4.1; *Scheuba* in *Kletečka/Schauer,* ABGB-ON § 728 (2018) Rz 4; *Scheuba* in *Gruber/Kalss/Müller/Schauer* (Hrsg), Erbrecht und Vermögensnachfolge[2] (2017) § 5 Gesetzliche Erbfolge Rz 7 ff.

20 Siehe hierzu Kapitel 1, Rahmenbedingungen der Nachfolgeplanung, Pflichtteilsrecht, Entziehung und Minderung des Pflichtteils.

21 *Ferrari/Likar-Peer* in *Ferrari/Likar-Peer,* Erbrecht[2] Kap 4 (2020) Rz 4.1.

22 *Scheuba* in *Gruber/Kalss/Müller/Schauer* (Hrsg), Erbrecht und Vermögensnachfolge[2] (2017) § 5 Gesetzliche Erbfolge Rz 12; *Nemeth* in *Schwimann/Kodek* (Hrsg), ABGB Praxiskommentar Band 4[5] (2018) § 730 ABGB Rz 2.

23 *Scheuba* in *Gruber/Kalss/Müller/Schauer* (Hrsg), Erbrecht und Vermögensnachfolge[2] (2017) § 5 Gesetzliche Erbfolge Rz 14; *Scheuba* in *Kletečka/Schauer,* ABGB-ON § 730 (2018) Rz 5.

24 *Scheuba* in *Kletečka/Schauer,* ABGB-ON § 730 (2018) Rz 6; *Musger* in *Koziol/Bydlinski/Bollenberger* (Hrsg), Kurzkommentar zum ABGB[6] (2020) § 730 ABGB Rz 1; *Welser,* Erbrechts-Kommentar § 730 ABGB Rz 1.

25 *Ferrari/Likar-Peer* in *Ferrari/Likar-Peer,* Erbrecht[2] Kap 4 (2020) Rz 4.6.

26 *Haunschmidt/Haunschmidt* in *Haunschmidt/Haunschmidt* (Hrsg), Erbschaft und Testament[6] (2020) Das gesetzliche Erbrecht, S 16; *J. Reich-Rohrwig,* Erbrecht[2] (2020), S 76.

27 *Scheuba* in *Gruber/Kalss/Müller/Schauer* (Hrsg), Erbrecht und Vermögensnachfolge[2] (2017) § 5 Gesetzliche Erbfolge Rz 18; *Ferrari/Likar-Peer* in *Ferrari/Likar-Peer,* Erbrecht[2] Kap 4 (2020) Rz 4.5.

28 *Ferrari/Likar-Peer* in *Ferrari/Likar-Peer,* Erbrecht[2] Kap 4 (2020) Rz 4.7; *Nemeth* in *Schwimann/Kodek* (Hrsg), ABGB Praxiskommentar Band 4[5] (2018) §§ 732–734 ABGB Rz 3.

29 *Ferrari/Likar-Peer* in *Ferrari/Likar-Peer,* Erbrecht[2] Kap 4 (2020) Rz 4.7; *Scheuba* in *Gruber/Kalss/Müller/Schauer* (Hrsg), Erbrecht und Vermögensnachfolge[2] (2017) § 5 Gesetzliche Erbfolge Rz 24.

30 *Scheuba* in *Gruber/Kalss/Müller/Schauer* (Hrsg), Erbrecht und Vermögensnachfolge[2] (2017) § 5 Gesetzliche Erbfolge Rz 24; *J. Reich-Rohrwig,* Erbrecht[2]

(2020), S 78; *Deixler-Hübner* in *Deixler-Hübner* (Hrsg), Scheidung, Ehe und Lebensgemeinschaft[13] (2019) S 52.

31 *Haunschmidt/Haunschmidt* in *Haunschmidt/Haunschmidt* (Hrsg), Erbschaft und Testament[6] (2020) Das gesetzliche Erbrecht, S 16; *J. Reich-Rohrwig*, Erbrecht[2] (2020), S 78; *Bittner/Hawel* in *Kletečka/Schauer*, ABGB-ON § 754 (2018) Rz 2.

32 *Ferrari/Likar-Peer* in *Ferrari/Likar-Peer*, Erbrecht[2] Kap 4 (2020) Rz 4.8; *Nemeth* in *Schwimann/Kodek* (Hrsg), ABGB Praxiskommentar Band 4[5] (2018) §§ 735–737 ABGB Rz 3.

33 *Ferrari/Likar-Peer* in *Ferrari/Likar-Peer*, Erbrecht[2] Kap 4 (2020) Rz 4.8; *Welser*, Erbrechts-Kommentar § 737 ABGB (2018) Rz 2; *Scheuba* in *Kletečka/Schauer*, ABGB-ON § 737 (2018) Rz 3; *Nemeth* in *Schwimann/Kodek* (Hrsg), ABGB Praxiskommentar Band 4[5] (2018) §§ 735–737 ABGB Rz 3.

34 *Ferrari/Likar-Peer* in *Ferrari/Likar-Peer*, Erbrecht[2] Kap 4 (2020) Rz 4.8; *Welser*, Erbrechts-Kommentar § 737 ABGB (2018) Rz 1 f.

35 *Scheuba* in *Kletečka/Schauer*, ABGB-ON § 737 (2018) Rz 3; *Haunschmidt/Haunschmidt* in *Haunschmidt/Haunschmidt* (Hrsg), Erbschaft und Testament[6] (2020) Das gesetzliche Erbrecht, S 17.

36 *Welser*, Erbrechts-Kommentar § 740 ABGB (2018) Rz 1; *Scheuba* in *Kletečka/Schauer*, ABGB-ON § 740 (2018) Rz 2; *Musger* in *Koziol/Bydlinski/Bollenberger* (Hrsg), Kurzkommentar zum ABGB[6] (2020) §§ 738–740 ABGB Rz 1.

37 *Ferrari/Likar-Peer* in *Ferrari/Likar-Peer*, Erbrecht[2] Kap 4 (2020) Rz 4.9.

38 *Ferrari/Likar-Peer* in *Ferrari/Likar-Peer*, Erbrecht[2] Kap 4 (2020) Rz 4.9; *Welser*, Erbrechts-Kommentar § 740 ABGB (2018) Rz 1; *Scheuba* in *Kletečka/Schauer*, ABGB-ON § 740 (2018) Rz 1 f.

39 *Ferrari/Likar-Peer* in *Ferrari/Likar-Peer*, Erbrecht[2] Kap 4 (2020) Rz 4.10; *Scheuba* in *Kletečka/Schauer*, ABGB-ON § 741 (2018) Rz 2.

40 *Ferrari/Likar-Peer* in *Ferrari/Likar-Peer*, Erbrecht[2] Kap 4 (2020) Rz 4.16; *Scheuba* in *Gruber/Kalss/Müller/Schauer* (Hrsg), Erbrecht und Vermögensnachfolge[2] (2017) § 5 Gesetzliche Erbfolge Rz 31; *Scheuba* in *Kletečka/Schauer*, ABGB-ON § 746 (2018) Rz 1.

41 *Nemeth* in *Schwimann/Neumayr* (Hrsg), ABGB Taschenkommentar[5] (2020) zu § 746 ABGB Rz 1 f.

42 *Haunschmidt/Haunschmidt* in *Haunschmidt/Haunschmidt* (Hrsg), Erbschaft und Testament[6] (2020) Das gesetzliche Erbrecht, S 13; *J. Reich-Rohrwig*, Erbrecht[2] (2020), S 82.

43 *Ferrari/Likar-Peer* in *Ferrari/Likar-Peer*, Erbrecht[2] Kap 4 (2020) Rz 4.23; *Scheuba* in *Gruber/Kalss/Müller/Schauer* (Hrsg), Erbrecht und Vermögensnachfolge[2] (2017) § 5 Gesetzliche Erbfolge Rz 33.

44 *Ferrari/Likar-Peer* in *Ferrari/Likar-Peer*, Erbrecht[2] Kap 4 (2020) Rz 4.23; *Haunschmidt/Haunschmidt* in *Haunschmidt/Haunschmidt* (Hrsg), Erbschaft und Testament[6] (2020) Das gesetzliche Erbrecht, S 14.

45 *Ferrari/Likar-Peer* in *Ferrari/Likar-Peer*, Erbrecht[2] Kap 4 (2020) Rz 4.23; *J. Reich-Rohrwig*, Erbrecht[2] (2020), S 84.

46 *Haunschmidt/Haunschmidt* in *Haunschmidt/Haunschmidt* (Hrsg), Erbschaft und Testament[6] (2020) Das gesetzliche Erbrecht, S 13 f; *Scheuba* in *Kletečka/Schauer*, ABGB-ON § 745 (2018) Rz 4 f.

47 *Ferrari/Likar-Peer* in *Ferrari/Likar-Peer*, Erbrecht[2] Kap 4 (2020) Rz 4.26; *Scheuba* in *Kletečka/Schauer*, ABGB-ON § 745 (2018) Rz 2.

48 *Ferrari/Likar-Peer* in *Ferrari/Likar-Peer*, Erbrecht[2] Kap 4 (2020) Rz 4.31; *Scheuba* in *Kletečka/Schauer*, ABGB-ON § 745 (2018) Rz 3; *Nemeth* in *Schwimann/Kodek* (Hrsg), ABGB Praxiskommentar Band 4[5] (2018) § 745 ABGB Rz 10.

49 *Welser*, Erbrechts-Kommentar § 745 ABGB (2018) Rz 3; *Ferrari/Likar-Peer* in *Ferrari/Likar-Peer*, Erbrecht[2] Kap 4 (2020) Rz 4.30.

50 *Welser*, Erbrechts-Kommentar § 745 ABGB (2018) Rz 6; *Ferrari/Likar-Peer* in *Ferrari/Likar-Peer*, Erbrecht[2] Kap 4 (2020) Rz 4.30; siehe hierzu Kapitel 1, Rahmenbedingungen der Nachfolgeplanung, Pflichtteilsrecht.

51 *Welser*, Erbrechts-Kommentar § 551 ABGB (2018) Rz 8; *Apathy/Neumayr* in *Koziol/Bydlinski/Bollenberger* (Hrsg), Kurzkommentar zum ABGB[6] (2020) zu § 551 ABGB Rz 1.

52 *Welser*, Erbrechts-Kommentar § 745 ABGB (2018) Rz 4; *Ferrari/Likar-Peer* in *Ferrari/Likar-Peer*, Erbrecht[2] Kap 4 (2020) Rz 4.37.

53 *Ferrari/Likar-Peer* in *Ferrari/Likar-Peer*, Erbrecht[2] Kap 4 (2020) Rz 4.65; *J. Reich-Rohrwig*, Erbrecht[2] (2020), S 69.

54 *Haunschmidt/Haunschmidt* in *Haunschmidt/Haunschmidt* (Hrsg), Erbschaft und Testament[6] (2020) Das gesetzliche Erbrecht, S 22; *Nemeth* in *Schwimann/Kodek* (Hrsg), ABGB Praxiskommentar Band 4[5] (2018) § 748 ABGB Rz 3.

55 *Ferrari/Likar-Peer* in *Ferrari/Likar-Peer*, Erbrecht[2] Kap 4 (2020) Rz 4.66; *Haunschmidt/Haunschmidt* in *Haunschmidt/Haunschmidt* (Hrsg), Erbschaft und Testament[6] (2020) Das gesetzliche Erbrecht, S 22.

56 *Ferrari/Likar-Peer* in *Ferrari/Likar-Peer*, Erbrecht[2] Kap 4 (2020) Rz 4.68; *Beclin* in *Deixler-Hübner*

(Hrsg), Handbuch Familienrecht[2] (2020) Erbrecht des Lebensgefährten, S 769.

57 *Haunschmidt/Haunschmidt* in *Haunschmidt/Haunschmidt* (Hrsg), Erbschaft und Testament[6] (2020) Das gesetzliche Erbrecht, S 23; *Beclin* in *Deixler-Hübner* (Hrsg), Handbuch Familienrecht[2] (2020) Erbrecht des Lebensgefährten, S 769.

58 *Haunschmidt/Haunschmidt* in *Haunschmidt/Haunschmidt (Hrsg),* Erbschaft und Testament[6] (2020) Das gesetzliche Erbrecht, S 23; *Welser,* Erbrechts-Kommentar § 749 ABGB (2018) Rz 1.

59 *Haunschmidt/Haunschmidt* in *Haunschmidt/Haunschmidt* (Hrsg), Erbschaft und Testament[6] (2020) Das gesetzliche Erbrecht, S 23; *Mondel/Knechtel* in *Kletečka/Schauer*, ABGB-ON § 749 (2020) Rz 7.

60 *Welser,* Erbrechts-Kommentar § 750 ABGB (2018) Rz 1; *Scheuba* in *Kletečka/Schauer*, ABGB-ON § 750 (2018), Rz 2; *Haunschmidt/Haunschmidt* in *Haunschmidt/Haunschmidt* (Hrsg), Erbschaft und Testament[6] (2020) Das gesetzliche Erbrecht, S 23.

61 *Haunschmidt/Haunschmidt* in *Haunschmidt/Haunschmidt* (Hrsg), Erbschaft und Testament[6] (2020) Das gesetzliche Erbrecht, S 24; *Scheuba* in *Kletečka/Schauer*, ABGB-ON § 750 (2018) Rz 2.

62 *Likar-Peer* in *Ferrari/Likar-Peer,* Erbrecht[2] Kap 10 (2020) Rz 10.1; *Binder/Giller* in *Gruber/Kalss/Müller/Schauer* (Hrsg), Erbrecht und Vermögensnachfolge[2] (2017) § 9 Pflichtteilsrecht Rz 1.

63 *Likar-Peer* in *Ferrari/Likar-Peer,* Erbrecht[2] Kap 10 (2020) Rz 10.3; *Bittner/Hawel* in *Kletečka/Schauer*, ABGB-ON § 756 (2018) Rz 6.

64 *Bittner/Hawel* in *Kletečka/Schauer*, ABGB-ON § 756 (2018) Rz 2.

65 *Binder/Giller* in *Gruber/Kalss/Müller/Schauer* (Hrsg), Erbrecht und Vermögensnachfolge[2] (2017) § 9 Pflichtteilsrecht Rz 22; *Bittner/Hawel* in *Kletečka/Schauer*, ABGB-ON § 757 (2018) Rz 1.

66 *Likar-Peer* in *Ferrari/Likar-Peer,* Erbrecht[2] Kap 10 (2020) Rz 10.4; *Binder/Giller* in *Gruber/Kalss/Müller/Schauer* (Hrsg), Erbrecht und Vermögensnachfolge[2] (2017) § 9 Pflichtteilsrecht Rz 22.

67 *Welser,* Erbrechts-Kommentar § 757 ABGB (2018) Rz 3; *Likar-Peer* in *Ferrari/Likar-Peer,* Erbrecht[2] Kap 10 (2020) Rz 10.4.

68 *Likar-Peer* in *Ferrari/Likar-Peer,* Erbrecht[2] Kap 10 (2020) Rz 10.5; *Welser,* Erbrechts-Kommentar § 757 ABGB (2018) Rz 2.

69 *Binder/Giller* in *Gruber/Kalss/Müller/Schauer* (Hrsg), Erbrecht und Vermögensnachfolge[2] (2017) § 9 Pflichtteilsrecht Rz 24; *Musger* in *Koziol/Bydlinski/Bollenberger* (Hrsg), Kurzkommentar zum ABGB[6] (2020) zu § 758 ABGB Rz 1.

70 *Haunschmidt/Haunschmidt* in *Haunschmidt/Haunschmidt* (Hrsg), Erbschaft und Testament[6] (2020) Das Pflichtteilsrecht S 27.

71 *Welser,* Erbrechts-Kommentar § 757 ABGB (2018) Rz 5; *Likar-Peer* in *Ferrari/Likar-Peer,* Erbrecht[2] Kap 10 (2020) Rz 10.4.

72 *Binder/Giller* in *Gruber/Kalss/Müller/Schauer* (Hrsg), Erbrecht und Vermögensnachfolge[2] (2017) § 9 Pflichtteilsrecht Rz 30 ff; *Likar-Peer* in *Ferrari/Likar-Peer,* Erbrecht[2] Kap 10 (2020) Rz 10.13.

73 *Likar-Peer* in *Ferrari/Likar-Peer,* Erbrecht[2] Kap 10 (2020) Rz 10.96.

74 *Bittner/Hawel* in *Kletečka/Schauer*, ABGB-ON § 769 (2018) Rz 1; *Nemeth* in *Schwimann/Neumayr* (Hrsg), ABGB Taschenkommentar[5] (2020) § 769 ABGB Rz 1.

75 *Likar-Peer* in *Ferrari/Likar-Peer,* Erbrecht[2] Kap 10 (2020) Rz 10.98; *Bittner/Hawel* in *Kletečka/Schauer*, ABGB-ON § 769 (2018) Rz 2.

76 *Binder/Giller* in *Gruber/Kalss/Müller/Schauer* (Hrsg), Erbrecht und Vermögensnachfolge[2] (2017) § 9 Pflichtteilsrecht Rz 33; Welser, Erbrechts-Kommentar Vor § 539 ABGB (2018) Rz 6.

77 *J. Reich-Rohrwig*, Erbrecht[2] (2020), 41 f; *Welser*, Erbrechts-Kommentar § 539 Rz 6 und § 540 ABGB (2018) Rz 1.

78 Bemerkung am Rande: Das deckt sich nicht mit der Wahrnehmung der Autorinnen in der Praxis.

79 Aufgrund von fehlenden Feststellungen des Erstgerichts in Bezug auf die Freiwilligkeit der Erfolgsabwendung (Eintritt Bereicherung der Ehefrau) hat der Oberste Gerichtshof die Entscheidung aufgehoben und an das Erstgericht zurückverwiesen. Nach entsprechenden Feststellungen ist über das Erbrecht neu zu entscheiden.

80 *Likar-Peer* in *Ferrari/Likar-Peer,* Erbrecht[2] Kap 10 (2020) Rz 10.115; *Binder/Giller* in *Gruber/Kalss/Müller/Schauer* (Hrsg), Erbrecht und Vermögensnachfolge[2] (2017) § 9 Pflichtteilsrecht Rz 49.

81 *Haunschmidt/Haunschmidt* in *Haunschmidt/Haunschmidt* (Hrsg), Erbschaft und Testament[6] (2020) Das Pflichtteilsrecht S 29; *Bittner/Hawel* in *Kletečka/Schauer*, ABGB-ON § 776 (2018) Rz 2.

82 *Bittner/Hawel* in *Kletečka/Schauer*, ABGB-ON § 776 (2018) Rz 3; OGH 19.03.2015, 6 Ob 226/14z; diese Pflichtteilsminderung ist im Vergleich zu dem materiellen Recht anderer Staaten einzigartig, weswegen eine Rechtswahl zum Österreichischen Recht in manchen Fällen zielführend sein kann; siehe hierzu Kapitel 4, Inhaltliche Ausgestaltung von Testamenten.

83 *Likar-Peer* in *Ferrari/Likar-Peer,* Erbrecht[2] Kap 10 (2020) Rz 10.16; *Schauer* in *Deixler-Hübner* (Hrsg),

Handbuch Familienrecht[2] (2020) Pflichtteilsrecht, S 790.

84 *Likar-Peer* in *Ferrari/Likar-Peer,* Erbrecht[2] Kap 10 (2020) Rz 10.16; *Binder/Giller* in *Gruber/Kalss/Müller/Schauer* (Hrsg), Erbrecht und Vermögensnachfolge[2] (2017) § 9 Pflichtteilsrecht Rz 205; *Schauer* in *Deixler-Hübner* (Hrsg), Handbuch Familienrecht[2] (2020) Pflichtteilsrecht, S 790.

85 *Haunschmidt/Haunschmidt* in *Haunschmidt/Haunschmidt* (Hrsg), Erbschaft und Testament[6] (2020) Das Pflichtteilsrecht S 28; *Bittner/Hawel* in *Kletečka/Schauer,* ABGB-ON § 759 (2018) Rz 1.

86 *Likar-Peer* in *Ferrari/Likar-Peer,* Erbrecht[2] Kap 10 (2020) Rz 10.9; *J. Reich-Rohrwig,* Erbrecht[2] (2020), S 116.

87 *Likar-Peer* in *Ferrari/Likar-Peer,* Erbrecht[2] Kap 10 (2020) Rz 10.21; *J. Reich-Rohrwig,* Erbrecht[2] (2020), S 120.

88 *Binder/Giller* in *Gruber/Kalss/Müller/Schauer* (Hrsg), Erbrecht und Vermögensnachfolge[2] (2017) § 9 Pflichtteilsrecht Rz 90.

89 *Likar-Peer* in *Ferrari/Likar-Peer,* Erbrecht[2] Kap 10 (2020) Rz 10.21ff; *Nemeth/Niedermayr* in *Schwimann/Neumayr* (Hrsg), ABGB Taschenkommentar[5] (2020) § 781 ABGB Rz 1 ff.

90 *Binder/Giller* in *Gruber/Kalss/Müller/Schauer* (Hrsg), Erbrecht und Vermögensnachfolge[2] (2017) § 9 Pflichtteilsrecht Rz 117.

91 *Binder/Giller* in *Gruber/Kalss/Müller/Schauer* (Hrsg), Erbrecht und Vermögensnachfolge[2] (2017) § 9 Pflichtteilsrecht Rz 122 ff, *Schauer* in *Deixler-Hübner/Schauer,* Erbrecht 63 ff, 69, *Likar-Peer* in *Ferrari/Likar-Peer,* Erbrecht[2] Kap 10 (2020) Rz 10.31 ff.

92 *Haunschmidt/Haunschmidt* in *Haunschmidt/Haunschmidt* (Hrsg), Erbschaft und Testament[6] (2020) Das Pflichtteilsrecht S 28 f; *Bittner/Hawel* in *Kletečka/Schauer,* ABGB-ON § 763 (2018) Rz 1.

93 *Binder/Giller* in *Gruber/Kalss/Müller/Schauer* (Hrsg), Erbrecht und Vermögensnachfolge[2] (2017) § 9 Pflichtteilsrecht Rz 154; *Likar-Peer* in *Ferrari/Likar-Peer,* Erbrecht[2] Kap 10 (2020) Rz 10.42.

94 *Likar-Peer* in *Ferrari/Likar-Peer,* Erbrecht[2] Kap 10 (2020) Rz 10.43; *Binder/Giller* in *Gruber/Kalss/Müller/Schauer* (Hrsg), Erbrecht und Vermögensnachfolge[2] (2017) § 9 Pflichtteilsrecht Rz 157.

95 *Welser,* Erbrechts-Kommentar § 766 ABGB (2018) Rz 1; *Schauer* in *Deixler-Hübner* (Hrsg), Handbuch Familienrecht[2] (2020) Pflichtteilsrecht S 792; *Binder/Giller* in *Gruber/Kalss/Müller/Schauer* (Hrsg), Erbrecht und Vermögensnachfolge[2] (2017) § 9 Pflichtteilsrecht Rz 164 ff.

96 *Binder/Giller* in *Gruber/Kalss/Müller/Schauer* (Hrsg), Erbrecht und Vermögensnachfolge[2] (2017) § 9 Pflichtteilsrecht Rz 165; *Schauer* in *Deixler-Hübner* (Hrsg), Handbuch Familienrecht[2] (2020) Pflichtteilsrecht S 792.

97 *Likar-Peer* in *Ferrari/Likar-Peer,* Erbrecht[2] Kap 10 (2020) Rz 10.57; *Welser,* Erbrechts-Kommentar § 766 ABGB (2018) Rz 6, 7.

98 *Likar-Peer* in *Ferrari/Likar-Peer,* Erbrecht[2] Kap 10 (2020) Rz 10.46 ff; *R. Madl* in *Kletečka/Schauer,* ABGB-ON § 1487a Rz 14 f, *Rudolf Welser,* Die Fälligkeit von Pflichtteilsansprüchen und Legatsforderungen nach dem neuen Erbrecht, GesRZ 2016, 164.

99 OGH 19.09.2019, 2 Ob 49/19y.

100 *Welser,* Erbrechts-Kommentar § 782 ABGB (2018) Rz 1; *Bittner/Hawel* in *Kletečka/Schauer,* ABGB-ON § 782 (2018) Rz 2 f; *Umlauft,* Hinzu- und Anrechnung[2] (2018), 60,75.

101 *Welser,* Erbrechts-Kommentar § 783 ABGB (2018) Rz 1, 15 ff; *Likar-Peer in Ferrari/Likar-Peer,* Erbrecht[2] Kap 11 (2020) Rz 11.28 ff.

102 *Müller/Melzer* in *Gruber/Kalss/Müller/Schauer* (Hrsg), Erbrecht und Vermögensnachfolge[2] (2017) § 4 Erbrechtliche und pflichtteilsrechtliche Konsequenzen der vorweggenommenen Erbfolge Rz 40; vgl auch OGH 06.08.2020, 2 Ob 195/19v.

103 *Haunschmidt/Haunschmidt* in *Haunschmidt/Haunschmidt* (Hrsg), Erbschaft und Testament[6] (2020) Das Pflichtteilsrecht S 31; *Nemeth/Niedermayr* in *Schwimann/Kodek* (Hrsg), ABGB Praxiskommentar Band 45 (2018) § 781 ABGB Rz 5.

104 *Bittner/Hawel* in *Kletečka/Schauer,* ABGB-ON § 784 (2018) Rz 1, 2; *J. Reich-Rohrwig,* Erbrecht[2] (2020), S 127.

105 *Haunschmidt/Haunschmidt* in *Haunschmidt/Haunschmidt* (Hrsg), Erbschaft und Testament[6] (2020) Das Pflichtteilsrecht S 33; *Likar-Peer* in *Ferrari/Likar-Peer,* Erbrecht[2] Kap 11 (2020) Rz 11.78.

106 *Bittner/Hawel* in *Kletečka/Schauer,* ABGB-ON § 788 (2018) Rz 1; *Nemeth/Niedermayr* in *Schwimann/Kodek* (Hrsg), ABGB Praxiskommentar Band 45 (2018) § 788 ABGB Rz 3; *Müller/Melzer* in *Gruber/Kalss/Müller/Schauer* (Hrsg), Erbrecht und Vermögensnachfolge[2] (2017) § 4 Erbrechtliche und pflichtteilsrechtliche Konsequenzen der vorweggenommenen Erbfolge, Rz 58.

107 *Nemeth* in *Schwimann/Kodek* (Hrsg), ABGB Praxiskommentar (2018) § 550 ABGB Rz 1f; *Apathy/Neumayr* in *Koziol/Bydlinski/Bollenberger* (Hrsg), Kurzkommentar zum ABGB[6] (2020) zu § 550 ABGB Rz 1.

108 *Ferrari* in *Ferrari/Likar-Peer,* Erbrecht[2] Kap 12 (2020) Rz 12.107; *Werkusch-Christ* in *Kletečka/Schauer,* ABGB-ON § 550 (2020) Rz 2.

109 *Apathy/Neumayr* in *Koziol/Bydlinski/Bollenberger* (Hrsg), Kurzkommentar zum ABGB[6] (2020) zu § 550 ABGB Rz 1 f; *Welser*, Erbrechts-Kommentar § 550 ABGB (2018) Rz 2 f; *Nemeth* in *Schwimann/Neumayr* (Hrsg), ABGB Taschenkommentar[5] (2020) § 550 ABGB Rz 5.

110 *Nemeth* in *Schwimann/Neumayr* (Hrsg), ABGB Taschenkommentar[5] (2020) zu § 810 ABGB Rz 2 ff; *Sailer* in *Koziol/Bydlinski/Bollenberger* (Hrsg), Kurzkommentar zum ABGB[6] (2020) § 810 ABGB Rz 4.

111 *Ferrari* in *Ferrari/Likar-Peer*, Erbrecht[2] Kap 12 (2020) Rz 12.108 ff; *Bittner* in *Gruber/Kalss/Müller/Schauer* (Hrsg), Erbrecht und Vermögensnachfolge[2] (2017) § 14 Nachlassteilung Rz 7 ff; *Welser*, Erbrechts-Kommentar § 550 ABGB (2018) Rz 7.

112 *Welser*, Erbrechts-Kommentar § 550 ABGB (2018) Rz 7; *Nemeth* in *Schwimann/Kodek* (Hrsg), ABGB Praxiskommentar Band 45 (2018) § 550 ABGB Rz 7.

113 *Apathy/Neumayr* in *Koziol/Bydlinski/Bollenberger* (Hrsg), Kurzkommentar zum ABGB[6] (2020) zu § 550 ABGB Rz 4.

114 siehe Kapitel 4: Inhaltliche Ausgestaltung von Testamenten, Exkurs: Vorsorgevollmacht und Patientenverfügung.

115 *Huber/Leitner/Leitner-Bommer/Schlagnitweit*, Unternehmensnachfolge[4], LexisNexis (2016) S 35; *Haunschmidt/Haunschmidt* in *Haunschmidt/Haunschmidt* (Hrsg), Erbschaft und Testament[6] (2020) Letztwillige Anordnungen S 39 f.

116 *Gruber/Sprohar-Heimlich/Scheuba* in *Gruber/Kalss/Müller/Schauer* (Hrsg), Erbrecht und Vermögensnachfolge[2] (2017) § 17 Die letztwillige Verfügung Rz 13; *Schwarzenegger* in *Ferrari/Likar-Peer*, Erbrecht[2] Kap 5 (2020) Rz 5.1.

117 Vor Inkrafttreten des ErbRÄG 2015 sprach man diesbezüglich von Kodizill.

118 *Oberhumer* in *Ferrari/Likar-Peer*, Erbrecht Kap 6 (2020) Rz 6.1; *Nemeth* in *Schwimann/Kodek* (Hrsg), ABGB Praxiskommentar Band 45 (2018) § 535 ABGB Rz 1 ff.

119 *Gruber/Sprohar-Heimlich/Scheuba* in *Gruber/Kalss/Müller/Schauer* (Hrsg), Erbrecht und Vermögensnachfolge[2] (2017) § 18 Erbeinsetzung und Vermächtnis Rz 16; *Oberhumer* in *Ferrari/Likar-Peer*, Erbrecht[2] Kap 6 (2020) Rz 6.2 ff.

120 *Gruber/Sprohar-Heimlich/Scheuba* in *Gruber/Kalss/Müller/Schauer* (Hrsg), Erbrecht und Vermögensnachfolge[2] (2017) § 18 Erbeinsetzung und Vermächtnis Rz 42; *J. Reich-Rohrwig*, Erbrecht[2] (2020), S 60 f.

121 *Gruber/Sprohar-Heimlich/Scheuba* in *Gruber/Kalss/Müller/Schauer* (Hrsg), Erbrecht und Vermögensnachfolge[2] (2017) § 18 Erbeinsetzung und Vermächtnis Rz 28; *Kolmasch* in *Schwimann/Kodek* (Hrsg), ABGB Praxiskommentar (2018) § 649 ABGB Rz 4,5.

122 *Gruber/Sprohar-Heimlich/Scheuba* in *Gruber/Kalss/Müller/Schauer* (Hrsg), Erbrecht und Vermögensnachfolge[2] (2017) § 18 Erbeinsetzung und Vermächtnis Rz 31, 33; *Kolmasch* in *Schwimann/Kodek* (Hrsg), ABGB Praxiskommentar (2018) § 649 ABGB Rz 7.

123 *Oberhumer* in *Ferrari/Likar-Peer*, Erbrecht[2] Kap 6 (2020) Rz 6.7; *Spruzina* in *Kletečka/Schauer*, ABGB-ON § 647 (2017) Rz 10 ff.

124 *Gruber/Sprohar-Heimlich/Scheuba* in *Gruber/Kalss/Müller/Schauer* (Hrsg), Erbrecht und Vermögensnachfolge[2] (2017) § 18 Erbeinsetzung und Vermächtnis Rz 23, 25; *Oberhumer* in *Ferrari/Likar-Peer*, Erbrecht[2] Kap 6 (2020) Rz 6.11 f; *Kolmasch* in *Schwimann/Kodek* (Hrsg), ABGB Praxiskommentar Band 45 (2018) § 648 ABGB Rz 4 f.

125 *Haunschmidt/Haunschmidt* in *Haunschmidt/Haunschmidt* (Hrsg), Erbschaft und Testament[6] (2020) Letztwillige Anordnungen S 55; *Oberhumer* in *Ferrari/Likar-Peer*, Erbrecht[2] Kap 6 (2020) Rz 6.11.

126 *Gruber/Sprohar-Heimlich/Scheuba* in *Gruber/Kalss/Müller/Schauer* (Hrsg), Erbrecht und Vermögensnachfolge[2] (2017) § 18 Erbeinsetzung und Vermächtnis Rz 87; *Apathy/Neumayr* in *Koziol/Bydlinski/Bollenberger* (Hrsg), Kurzkommentar zum ABGB[6] (2020) § 647 ABGB Rz 4.

127 *Oberhumer* in *Ferrari/Likar-Peer*, Erbrecht[2] Kap 6 (2020) Rz 6.30–6.33; *Gruber/Sprohar-Heimlich/Scheuba* in *Gruber/Kalss/Müller/Schauer* (Hrsg), Erbrecht und Vermögensnachfolge[2] (2017) § 18 Erbeinsetzung und Vermächtnis Rz 89 ff.

128 *Welser*, Erbrechts-Kommentar § 677 ABGB (2018) Rz 9 f; *Spruzina* in *Kletečka/Schauer*, ABGB-ON § 677 (2017) Rz 3, 5 ff; *Kolmasch* in *Schwimann/Kodek* (Hrsg), ABGB Praxiskommentar Band 45 (2018) §§ 677–678 ABGB Rz 2 ff.

129 *Oberhumer* in *Ferrari/Likar-Peer*, Erbrecht[2] Kap 6 (2020) Rz 6.53 ff; *Kolmasch* in *Schwimann/Kodek* (Hrsg), ABGB Praxiskommentar Band 45 (2018) §§ 677–678 ABGB Rz 10; *Deixler-Hübner* in *Gruber/Kalss/Müller/Schauer* (Hrsg), Erbrecht und Vermögensnachfolge[2] (2017) § 10 Das Pflegevermächtnis, Rz 9 ff.

130 *Spruzina* in *Kletečka/Schauer*, ABGB-ON § 677 (2017) 6 f; *Deixler-Hübner* in *Gruber/Kalss/Müller/Schauer* (Hrsg), Erbrecht und Vermögensnachfolge[2] (2017) § 10 Das Pflegevermächtnis, Rz 12; *Oberhumer* in *Ferrari/Likar-Peer*, Erbrecht[2] Kap 6 (2020) Rz 6.55.

131 *Welser*, Erbrechts-Kommentar § 677 ABGB (2018) Rz 3; *Kolmasch* in *Schwimann/Kodek* (Hrsg), ABGB

Praxiskommentar Band 45 (2018) §§ 677–678 ABGB Rz 9; *J. Reich-Rohrwig*, Erbrecht[2] (2020), S 68.

132 *Spruzina* in *Kletečka/Schauer*, ABGB-ON § 677 (2017) Rz 8; *Oberhumer* in *Ferrari/Likar-Peer*, Erbrecht[2] Kap 6 (2020) Rz 6.58.

133 *Oberhumer* in *Ferrari/Likar-Peer*, Erbrecht[2] Kap 6 (2020) Rz 6.56 ff; *Kolmasch* in *Schwimann/Kodek* (Hrsg), ABGB Praxiskommentar Band 45 (2018) §§ 677–678 ABGB Rz 11.

134 *Spruzina* in *Kletečka/Schauer*, ABGB-ON § 677 (2017) Rz 14; *Kolmasch* in *Schwimann/Kodek* (Hrsg), ABGB Praxiskommentar Band 45 (2018) §§ 677–678 ABGB Rz 12; *Deixler-Hübner* in *Gruber/Kalss/Müller/Schauer* (Hrsg), Erbrecht und Vermögensnachfolge[2] (2017) § 10 Das Pflegevermächtnis Rz 27.

135 *Oberhumer* in *Ferrari/Likar-Peer*, Erbrecht[2] Kap 6 (2020) Rz 6.67; *Kolmasch* in *Schwimann/Kodek* (Hrsg), ABGB Praxiskommentar Band 45 (2018) §§ 677–678 ABGB Rz 20.

136 *Fucik* in *Kletecka/Schauer*, ABGB-ON § 1249 (2019) Rz 1, 7; *M. Bydlinski* in *Rummel/Lukas*, ABGB § 1249 (2019) Rz 1.

137 *Fucik* in *Kletecka/Schauer*, ABGB-ON § 1252 (2019) Rz 1; *M. Bydlinski* in *Rummel/Lukas*, ABGB § 1252 (2019) Rz 1.

138 *Fucik* in *Kletecka/Schauer*, ABGB-ON § 1249 (2019) Rz 4; *M. Bydlinski* in *Rummel/Lukas*, ABGB[4] § 1249 (2019) Rz 1 f; *Schwarzenegger* in *Ferrari/Likar-Peer*, Erbrecht[2] Kap 5 (2020) Rz 5.307; *J. Reich-Rohrwig*, Erbrecht[2] (2020), S 42.

139 *Löcker* in *Kletečka/Schauer*, ABGB-ON § 603 (2020) Rz 14 f.

140 *Löcker* in *Kletečka/Schauer*, ABGB-ON § 603 (2020) Rz 1, 9; *Welser*, Erbrechts-Kommentar § 603 ABGB (2018) Rz 3.

141 *Oberhumer* in *Ferrari/Likar-Peer*, Erbrecht[2] Kap 9 (2020) Rz 9.6; *Nemeth* in *Schwimann/Kodek* (Hrsg), ABGB Praxiskommentar Band 45 (2018) § 603 ABGB Rz 2.

142 *Löcker* in *Kletečka/Schauer*, ABGB-ON § 603 (2020) Rz 13.

143 *Fischer-Czermak* in *Gruber/Kalss/Müller/Schauer* (Hrsg), Erbrecht und Vermögensnachfolge[2] (2017) § 20 Mehrseitige Planung der Nachfolge von Todes wegen Rz 31; *Nemeth* in *Schwimann/Kodek* (Hrsg), ABGB Praxiskommentar Band 45 (2018) § 603 ABGB R 10.

144 *Welser*, Erbrechts-Kommentar § 603 ABGB (2018) Rz 6; *Löcker* in *Kletečka/Schauer*, ABGB-ON § 603 (2020) Rz 12.

145 *Oberhumer* in *Ferrari/Likar-Peer*, Erbrecht[2] Kap 9 (2020) Rz 9.11; *Apathy/Neumayr* in *Koziol/Bydlinski/Bollenberger* (Hrsg), Kurzkommentar zum ABGB[6] (2020) zu § 603 ABGB Rz 3.

146 *Fischer-Czermak* in *Gruber/Kalss/Müller/Schauer* (Hrsg), Erbrecht und Vermögensnachfolge[2] (2017) § 20 Mehrseitige Planung der Nachfolge von Todes wegen Rz 27; *Schubert* in *Rummel*, ABGB[3] § 956 ABGB (2000) Rz 2.

147 *Oberhumer* in *Ferrari/Likar-Peer*, Erbrecht[2] Kap 9 (2020) Rz 9.18.

148 *Oberhumer* in *Ferrari/Likar-Peer*, Erbrecht[2] Kap 9 (2020) Rz 9.9; *Welser*, Erbrechts-Kommentar § 603 ABGB (2018) Rz 6.

149 *Welser*, Erbrechts-Kommentar § 603 ABGB (2018) Rz 8; *Löcker* in *Kletečka/Schauer*, ABGB-ON § 603 (2020) Rz 16; *Oberhumer* in *Ferrari/Likar-Peer*, Erbrecht[2] Kap 9 (2020) Rz 9.12.

150 *Welser*, Erbrechts-Kommentar § 603 ABGB (2018) Rz 6; *Löcker* in *Kletečka/Schauer*, ABGB-ON § 603 (2020) Rz 17, 18; *Nemeth* in *Schwimann/Kodek* (Hrsg), ABGB Praxiskommentar Band 45 (2018) § 603 ABGB Rz 6.

151 *Oberhumer* in *Ferrari/Likar-Peer*, Erbrecht[2] Kap 9 (2020) Rz 9.8; *Nemeth* in *Schwimann/Kodek* (Hrsg), ABGB Praxiskommentar Band 45 (2018) § 603 ABGB Rz 6; *Apathy/Neumayr* in *Koziol/Bydlinski/Bollenberger* (Hrsg), Kurzkommentar zum ABGB[6] (2020) zu § 603 ABGB Rz 3.

152 *Oberhumer* in *Ferrari/Likar-Peer*, Erbrecht[2] Kap 9 (2020) Rz 9.13; *Löcker* in Kletečka/Schauer, ABGB-ON § 603 (2020) Rz 17; *Nemeth* in *Schwimann/Neumayr* (Hrsg), ABGB Taschenkommentar[5] (2020) zu § 603 ABGB Rz 6.

153 *Löcker* in *Kletečka/Schauer*, ABGB-ON § 603 (2020) Rz 14; *Welser*, Erbrechts-Kommentar § 603 ABGB (2018) Rz 14; *Apathy/Neumayr* in *Koziol/Bydlinski/Bollenberger* (Hrsg), Kurzkommentar zum ABGB[6] (2020) § 603 ABGB Rz 3.

154 *Welser*, Erbrechts-Kommentar § 603 ABGB (2018) Rz 14.

155 *Löcker* in *Kletečka/Schauer*, ABGB-ON § 603 (2020) Rz 15; *Welser*, Erbrechts-Kommentar § 603 ABGB (2018) Rz 14.

156 *Oberhumer* in *Ferrari/Likar-Peer*, Erbrecht[2] Kap 9 (2020) Rz 9.20; *Nemeth* in *Schwimann/Kodek* (Hrsg), ABGB Praxiskommentar Band 45 (2018) § 603 ABGB Rz 16; *Löcker* in *Kletečka/Schauer*, ABGB-ON § 603 (2020) Rz 17.

157 *Löcker* in *Kletečka/Schauer*, ABGB-ON § 943 (2020) Rz 1; *Parapatits* in *Schwimann/Kodek* (Hrsg), ABGB Praxiskommentar[4] (2014) zu § 943 ABGB Rz 1 ff; *Bollenberger/Bydlinski* in *Koziol/Bydlinski/Bollenberger* (Hrsg), Kurzkommentar zum ABGB[6] (2020) zu § 943 ABGB Rz 1 ff.

158 RIS-Justiz RS0104145; *Löcker* in *Kletečka/Schauer*, ABGB-ON § 943 (2020) Rz 2.

159 *Liedermann* in *Schwimann/Neumayr* (Hrsg), ABGB Taschenkommentar[5] (2020) zu § 946 ABGB Rz 1; *Bollenberger/Bydlinski* in *Koziol/Bydlinski/Bollenberger* (Hrsg), Kurzkommentar zum ABGB[6] (2020) zu § 946 ABGB Rz 1; *Parapatits* in *Schwimann/Kodek* (Hrsg), ABGB Praxiskommentar[4] (2014) zu § 946 ABGB Rz 1.

160 *Wall* in *Gruber/Kalls/Müller/Schauer*, Erbrecht und Vermögensnachfolge (2017) § 21 Erbverzicht Rz 3,4; *Nemeth* in *Schwimann/Kodek* (Hrsg), ABGB Praxiskommentar (2018) § 551 ABGB Rz 1; *Apathy/Neumayr* in *Koziol/Bydlinski/Bollenberger* (Hrsg), Kurzkommentar zum ABGB[6] (2020) zu § 551 ABGB Rz 1.

161 *Werkusch-Christ* in *Kletecka/Schauer*, ABGB-ON § 551 (2020) Rz 1; *J. Reich-Rohrwig*, Erbrecht[2] (2020), 43.

162 *Welser*, Erbrechtskommentar § 551 (2018) Rz 1, 14; *Apathy/Neumayr* in *Koziol/Bydlinski/Bollenberger* (Hrsg), Kurzkommentar zum ABGB[6] (2020) zu § 551 ABGB Rz 2.

163 *Wall* in *Gruber/Kalss/Müller/Schauer* (Hrsg), Erbrecht und Vermögensnachfolge[2] (2017) § 21 Erbverzicht Rz 7; *Likar-Peer* in *Ferrari/Likar-Peer*, Erbrecht[2] Kap 8 (2020) Rz 8.73, 8.78.

164 *Welser*, Erbrechtskommentar § 551 (2018) Rz 1, 3 *Apathy/Neumayr* in *Koziol/Bydlinski/Bollenberger* (Hrsg), Kurzkommentar zum ABGB[6] (2020) zu § 551 ABGB Rz 1; *Likar-Peer* in *Ferrari/Likar-Peer*, Erbrecht[2] Kap 8 (2020) Rz 8.73 f.

165 *Werkusch-Christ* in *Kletecka/Schauer*, ABGB-ON § 551 (2020) Rz 2; *Apathy/Neumayr* in *Koziol/Bydlinski/Bollenberger* (Hrsg), Kurzkommentar zum ABGB[6] (2020) zu § 551 ABGB Rz 1; *Nemeth* in *Schwimann/Kodek* (Hrsg), ABGB Praxiskommentar Band 45 (2018) § 551 ABGB Rz 2; *Welser*, Erbrechts-Kommentar § 551 Rz 16, 17; *Likar-Peer* in *Ferrari/Likar-Peer*, Erbrecht[2] Kap 8 (2020) Rz 8.74.

166 *Wall* in *Gruber/Kalls/Müller/Schauer*, Erbrecht und Vermögensnachfolge (2017) § 21 Erbverzicht Rz 9; *Welser*, Erbrechtskommentar § 551 (2018) Rz 5; *Werkusch-Christ* in *Kletečka/Schauer*, ABGB-ON § 551 (2020) Rz 5.

167 *Werkusch-Christ* in *Kletecka/Schauer*, ABGB-ON § 551 (2020) Rz 4; *Nemeth* in *Schwimann/Kodek* (Hrsg), ABGB Praxiskommentar Band 4[5] (2018) § 551 ABGB Rz 10; *Likar-Peer* in *Ferrari/Likar-Peer*, Erbrecht[2] Kap 8 (2020) Rz 8.87.

168 *Huber/Leitner/Leitner-Bommer/Schlagnitweit*, Unternehmensnachfolge[4], Lexis Nexis (2016) S 35.

169 *Likar-Peer* in *Ferrari/Likar-Peer*, Erbrecht 2 Kap 11 (2020) Rz 11.12; *Welser*, Erbrechtskommentar § 781 (2018) Rz 16 Siehe hierzu Kapitel 1: Hinzu- und Anrechnungen von Schenkungen.

170 *Kronthaler* in *Schwimann/Neumayr* (Hrsg), ABGB Taschenkommentar[5] (2020) zu § 24 ABGB Rz 1; *Weitzenboeck* in *Schwimann/Kodek* (Hrsg), ABGB Praxiskommentar[5] (2018) § 24 ABGB Rz 5 f; *Koch* in *Koziol/Bydlinski/Bollenberger* (Hrsg), Kurzkommentar zum ABGB[6] (2020) zu § 24 ABGB Rz 1 f.

171 *Zierl/Schweighofer/Wimberger* in *Zierl/Schweighofer/Wimberger* (Hrsg), Erwachsenenschutzrecht[2] (2018) 1. Teil: Allgemeines und Grundlagen, Rz 24; *Kronthaler* in *Schwimann/Neumayr* (Hrsg), ABGB Taschenkommentar[5] (2020) zu § 24 ABGB Rz 2–4.

172 *Kolmasch* in *Schwimann/Neumayr* (Hrsg), ABGB Taschenkommentar[5] (2020) zu § 865 ABGB Rz 2,3; *Fischer-Czermak* in *Kletečka/Schauer*, ABGB-ON § 865 (2018) Rz 1.

173 OGH 27.07.2017, 2 Ob 162/16m; OGH 29.09.2016, 2 Ob 170/15m; *Apathy/Neumayr* in *Koziol/Bydlinski/Bollenberger* (Hrsg), Kurzkommentar zum ABGB[6] (2020) § 566 ABGB Rz 1.

174 *Welser*, Erbrechts-Kommentar (2018) § 569 Rz 2; *Apathy/Neumayr* in *Koziol/Bydlinski/Bollenberger* (Hrsg), Kurzkommentar zum ABGB[6] (2020) zu § 566 ABGB Rz 1.

175 OGH 27.07.2017, 2 Ob 162/16m; *Mondel/Knechtel* in *Kletečka/Schauer*, ABGB-ON § 566 (2020) Rz 2.

176 RIS-Justiz RS0012427; *Mondel/Knechtel* in *Kletečka/Schauer*, ABGB-ON § 566 (2020) Rz 4; *Welser*, Erbrechts-Kommentar (2018) § 569 Rz 7.

177 *Mondel/Knechtel* in *Kletečka/Schauer*, ABGB-ON § 566 (2020) Rz 4; *Welser*, Erbrechts-Kommentar (2018) § 569 Rz 7; *Nemeth* in *Schwimann/Neumayr* (Hrsg), ABGB Taschenkommentar[5] (2020) zu § 568 ABGB Rz 4; *Vaclavek* in *Ferrari/Likar-Peer*, Erbrecht[2] Kap 5 (2020) Rz 5.13.

178 *Welser*, Erbrechts-Kommentar (2018) § 569 Rz 2, 15; *J. Reich-Rohrwig*, Erbrecht[2] (2020) S 58.

179 *Nemeth* in *Schwimann/Neumayr* (Hrsg), ABGB Taschenkommentar[5] (2020) zu § 568 ABGB Rz 5; *Gruber/Sprohar-Heimlich/Scheuba* in *Gruber/Kalss/Müller/Schauer* (Hrsg), Erbrecht und Vermögensnachfolge[2] (2017) § 17 Die letztwillige Verfügung Rz 39.

180 *Mondel/Knechtel* in *Kletečka/Schauer*, ABGB-ON § 568 (2020) Rz 2; *Nemeth* in *Schwimann/Neumayr* (Hrsg), ABGB Taschenkommentar[5] (2020) zu § 568 ABGB Rz 6.

181 RIS-Justiz RS0107975.

182 *Ferrari/Hampton/Schwarzenegger/Vaclavek* in *Ferrari/Likar-Peer*, Erbrecht[2] Kap 5 (2020) Rz 5.58; *Haunschmidt/Haunschmidt* in *Haunschmidt/Haunschmidt* (Hrsg), Erbschaft und Testament[6] (2020) Letztwillige Anordnungen, 44 ff, 49.

183 Siehe hierzu Kapitel 2: Eigenhändige Testamente.

184 Siehe hierzu Kapitel 3: Fremdhändige Testamente.

185 *Ferrari/Hampton/Schwarzenegger/Vaclavek* in *Ferrari/Likar-Peer,* Erbrecht[2] Kap 5 (2020) Rz 5.58; *Haunschmidt/Haunschmidt* in *Haunschmidt/Haunschmidt* (Hrsg), Erbschaft und Testament[6] (2020) Letztwillige Anordnungen, 44 ff, 49.

186 Siehe hierzu Kapitel 1: Rahmenbedingungen der Nachfolgeplanung, Möglichkeiten der gewillkürten Erbfolge, Schenkung auf den Todesfall.

187 OGH 07.04.2020, 2 Ob 35/20s mwN.

188 *Ferrari/Hampton/Schwarzenegger/Vaclavek* in *Ferrari/Likar-Peer,* Erbrecht[2] Kap 5 (2020) Rz 5.59; RIS-Justiz RS0012514.

189 Siehe hierzu Kapitel 2: Eigenhändige Testamente.

190 Siehe hierzu Kiapitel 3: Fremdhändige Testamente.

191 *Gruber/Sprohar-Heimlich/Scheuba* in *Gruber/Kalss/Müller/Schauer* (Hrsg), Erbrecht und Vermögensnachfolge[2] (2017) § 17 Die letztwillige Verfügung Rz 93; *Eccher* in *Schwimann/Kodek* (Hrsg), ABGB Praxiskommentar[4] (2012) zu § 552 ABGB (Erbrecht alt) Rz 5; *Ferrari/Hampton/Schwarzenegger/Vaclavek* in *Ferrari/Likar-Peer,* Erbrecht[2] Kap 5 (2020) Rz 5.109.

192 *Ferrari/Hampton/Schwarzenegger/Vaclavek* in *Ferrari/Likar-Peer,* Erbrecht[2] Kap 5 (2020) Rz 5.109; *Haunschmidt/Haunschmidt* in *Haunschmidt/Haunschmidt* (Hrsg), Erbschaft und Testament[6] (2020) Letztwillige Anordnungen, S 84.

193 *Ferrari/Hampton/Schwarzenegger/Vaclavek* in *Ferrari/Likar-Peer,* Erbrecht[2] Kap 5 (2020) Rz 5.109.

194 § 44 der Richtlinien für die Ausübung des Rechtsanwaltsberufes (RL-BA 2015).

195 *Schatzl/Spruzina* in *Gitschthaler/Höllwerth,* AußStrG I[2] § 145a (2019) Rz 8; *Grün* in *Rechberger/Klicka* (Hrsg), AußStrG – Außerstreitgesetz[3] (2020) § 145a AußStrG Rz 1, 5.

196 *Ferrari/Hampton/Schwarzenegger/Vaclavek* in *Ferrari/Likar-Peer,* Erbrecht[2] Kap 5 (2020) Rz 5.109.

197 *Haunschmidt/Haunschmidt* in *Haunschmidt/Haunschmidt* (Hrsg), Erbschaft und Testament[6] (2020) Letztwillige Anordnungen S 39; *Apathy/Musger* in *Koziol/Bydlinski/Bollenberger* (Hrsg), Kurzkommentar zum ABGB6 (2020) §§ 721–722 ABGB Rz 2; OGH 25.07.2019, 2 Ob 19/19m; RIS-Justiz RS0012797.

198 *Ferrari/Hampton/Schwarzenegger/Vaclavek* in *Ferrari/Likar-Peer,* Erbrecht[2] Kap 5 (2020) Rz 5.60; ErläutRV 688 BlgNR 25. GP 9.

199 *Ferrari/Hampton/Schwarzenegger/Vaclavek* in *Ferrari/Likar-Peer,* Erbrecht[2] Kap 5 (2020) Rz 5.62; *Haunschmidt/Haunschmidt* in *Haunschmidt/Haunschmidt* (Hrsg), Erbschaft und Testament[6] (2020) Letztwillige Anordnungen, 44.

200 *Welser,* Erbrechts-Kommentar § 578 ABGB (2018) Rz 1, 2; OGH 31.08.2005, 7 Ob 185/05i.

201 *Ferrari/Hampton/Schwarzenegger/Vaclavek* in *Ferrari/Likar-Peer,* Erbrecht[2] Kap 5 (2020) Rz 5.63; Rz 2; OGH 31.08.2005, 7 Ob 185/05i; *Gruber/Sprohar-Heimlich/Scheuba* in *Gruber/Kalss/Müller/Schauer* (Hrsg), Erbrecht und Vermögensnachfolge[2] (2017) § 17 Die letztwillige Verfügung, Rz 56.

202 *Nemeth* in *Schwimann/Kodek* (Hrsg), ABGB Praxiskommentar Band 45 (2018) § 578 ABGB Rz 3, 7; *Apathy/Neumayr* in *Koziol/Bydlinski/Bollenberger* (Hrsg), Kurzkommentar zum ABGB[6] (2020) zu § 578 ABGB Rz 1; *Gruber/Sprohar-Heimlich/Scheuba* in *Gruber/Kalss/Müller/Schauer* (Hrsg), Erbrecht und Vermögensnachfolge[2] (2017) § 17 Die letztwillige Verfügung Rz 56, 58; OGH 22.02.1968, 1 Ob 38/68; OGH 15.12.1997, 1 Ob 286/97h.

203 *Ferrari/Hampton/Schwarzenegger/Vaclavek* in *Ferrari/Likar-Peer,* Erbrecht[2] Kap 5 (2020) Rz 5.62; *Nemeth* in *Schwimann/Neumayr* (Hrsg), ABGB Taschenkommentar[5] (2020) zu § 578 ABGB Rz 2.

204 *Ferrari/Hampton/Schwarzenegger/Vaclavek* in *Ferrari/Likar-Peer,* Erbrecht[2] Kap 5 (2020) Rz 5.64; *Nemeth* in *Schwimann/Neumayr* (Hrsg), ABGB Taschenkommentar[5] (2020) § 578 ABGB Rz 1 f.

205 *Welser,* Erbrechts-Kommentar § 578 ABGB (2018) Rz 8; *Mondel/Knechtel* in *Kletečka/Schauer,* ABGB-ON § 578 (2020) Rz 10; *Ferrari/Hampton/Schwarzenegger/Vaclavek* in *Ferrari/Likar-Peer,* Erbrecht[2] Kap 5 (2020) Rz 5.65; vgl auch OGH 05.11.1996, 10 Ob 2335/96x; OGH 30.11.2004, 4 Ob 237/04p.

206 *Welser,* Erbrechts-Kommentar § 578 ABGB (2018) Rz 7f; *Ferrari/Hampton/Schwarzenegger/Vaclavek* in *Ferrari/Likar-Peer,* Erbrecht[2] Kap 5 (2020) Rz 5.66.

207 Dafür: *Ferrari/Hampton/Schwarzenegger/Vaclavek* in *Ferrari/Likar-Peer,* Erbrecht[2] Kap 5 (2020) Rz 5.66; *Tschugguel,* Typische Formfehler beim eigenhändigen Testament, FamZ 2006, 33.; Dagegen: *Mondel/Knechtel* in *Kletečka/Schauer,* ABGB-ON § 578 (2020) Rz 7.

208 *Ferrari/Hampton/Schwarzenegger/Vaclavek* in *Ferrari/Likar-Peer,* Erbrecht[2] Kap 5 (2020) Rz 5.66; *Mondel/Knechtel* in *Kletečka/Schauer,* ABGB-ON § 578 (2020) Rz 8; OGH 16.03.2004, 4 Ob 29/04z.

209 Siehe hierzu Kapitel 3, Fremdhändige Testamente, Erfordernis der Urkundeneinheit.

210 OGH 28.11.2019, 2 Ob 143/19x; OGH 28.11.2019, 2 Ob 145/19s; OGH 30.01.2020, 2 Ob 218/19a; OGH 26.05.2020, 2 Ob 51/20v; OGH 17.09.2020, 2Ob143/20y; OGH 27.11.2020, 2 Ob 141/20d; OGH 27.11.2020, 2 Ob 188/20s; OGH 29.04.2021, 2 Ob 4/21h.

211 Siehe hierzu Kapitel 3, Fremdhändige Testamente, Erfordernis der Urkundeneinheit.

212 *Welser*, Erbrechts-Kommentar § 578 ABGB (2018) Rz 4; *Mondel/Knechtel* in *Kletečka/Schauer*, ABGB-ON § 578 (2020) Rz 2; *Haunschmidt/Haunschmidt* in *Haunschmidt/Haunschmidt* (Hrsg), Erbschaft und Testament[6] (2020) Letztwillige Anordnungen, S 45; *Gruber/Sprohar-Heimlich/Scheuba* in *Gruber/Kalss/Müller/Schauer* (Hrsg), Erbrecht und Vermögensnachfolge[2] (2017) § 17 Die letztwillige Verfügung, Rz 57.

213 *Gruber/Sprohar-Heimlich/Scheuba* in *Gruber/Kalss/Müller/Schauer* (Hrsg), Erbrecht und Vermögensnachfolge[2] (2017) § 17 Die letztwillige Verfügung Rz 57.

214 OGH 05.11.1996, 10 Ob 2335/96x.

215 *Ferrari/Hampton/Schwarzenegger/Vaclavek* in *Ferrari/Likar-Peer*, Erbrecht[2] Kap 5 (2020) Rz 5.67; *Welser*, Erbrechts-Kommentar § 578 ABGB (2018) Rz 10.

216 *Ferrari/Hampton/Schwarzenegger/Vaclavek* in *Ferrari/Likar-Peer*, Erbrecht[2] Kap 5 (2020) Rz 5.67; *Welser*, Erbrechts-Kommentar § 578 ABGB (2018) Rz 10.

217 *Ferrari/Hampton/Schwarzenegger/Vaclavek* in *Ferrari/Likar-Peer*, Erbrecht[2] Kap 5 (2020) Rz 5.61.

218 Siehe hierzu Kapitel 1, Rahmenbedingungen der Nachfolgeplanung, Registrierung und Verwahrung des Testaments.

219 Zur analogen Anwendung der Rechtsprechung des Obersten Gerichtshofs hinsichtlich der äußeren Urkundeneinheit auch auf eigenhändige Testamente siehe Kapitel 2, Eigenhändige Testamente, Eigenhändige Unterfertigung.

220 *Ferrari/Hampton/Schwarzenegger/Vaclavek* in *Ferrari/Likar-Peer*, Erbrecht[2] Kap 5 (2020) Rz 5.68; *Apathy/Neumayr* in *Koziol/Bydlinski/Bollenberger* (Hrsg), Kurzkommentar zum ABGB[6] (2020) § 579 ABGB Rz 2; *Nemeth* in *Schwimann/Kodek* (Hrsg), ABGB Praxiskommentar Band 45 (2018) § 579 ABGB Rz 1.

221 RV 688 BlgNR 25. GP; *Nemeth* in *Schwimann/Kodek* (Hrsg), ABGB Praxiskommentar Band 45 (2018) § 579 ABGB Rz 1; *Mondel/Knechtel* in *Kletečka/Schauer*, ABGB-ON § 579 (2020) Rz 1/0.

222 *Ferrari/Hampton/Schwarzenegger/Vaclavek* in *Ferrari/Likar-Peer*, Erbrecht[2] Kap 5 (2020) Rz 5.68; *Haunschmidt/Haunschmidt* in *Haunschmidt/Haunschmidt* (Hrsg), Erbschaft und Testament[6] (2020) Letztwillige Anordnungen, S 45 ff.

223 OGH 27.02.1974; 1 Ob 18/74; *Ferrari/Hampton/Schwarzenegger/Vaclavek* in *Ferrari/Likar-Peer*, Erbrecht[2] Kap 5 (2020) Rz 5.96; *Welser*, Erbrechts-Kommentar § 579 ABGB (2018) Rz 13; *Kronthaler*, Ausgewählte Fragen zur Form von fremdhändigen letztwilligen Verfügungen, JBl 2020, 137 (139).

224 OGH 15.03.2007, 8 Ob 10/07i; OGH 02.07.2015; 2 Ob 106/15z; OGH 25.07.2019, 2 Ob 19/19m.

225 *Welser*, Erbrechts-Kommentar § 579 ABGB (2018) Rz 2; *J. Reich-Rohrwig*, Erbrecht[2] (2020), S 95; *Nemeth* in *Schwimann/Kodek* (Hrsg), ABGB Praxiskommentar Band 45 (2018) § 579 ABGB Rz 2; *Mondel/Knechtel* in *Kletečka/Schauer*, ABGB-ON § 579 (2020) Rz 3.

226 *Ferrari/Hampton/Schwarzenegger/Vaclavek* in *Ferrari/Likar-Peer*, Erbrecht[2] Kap 5 (2020) Rz 5.70.

227 *Welser*, Erbrechts-Kommentar § 579 ABGB (2018) Rz 2; *Mondel/Knechtel* in *Kletečka/Schauer*, ABGB-ON § 579 (2020) Rz 3; OGH 31.08.2005, 7 Ob 185/05i.

228 *Welser*, Erbrechts-Kommentar § 579 ABGB (2018) Rz 2; OGH 26.06.2018, 2 Ob 192/17z.

229 *Ferrari/Hampton/Schwarzenegger/Vaclavek* in *Ferrari/Likar-Peer*, Erbrecht[2] Kap 5 (2020) Rz 5.71; *Welser*, Erbrechts-Kommentar § 579 ABGB (2018) Rz 4; *Apathy/Neumayr* in *Koziol/Bydlinski/Bollenberger* (Hrsg), Kurzkommentar zum ABGB[6] (2020) zu § 579 ABGB Rz 2; *Mondel/Knechtel* in *Kletečka/Schauer*, ABGB-ON § 579 (2020) Rz 6.

230 *Nemeth in Schwimann/Kodek (Hrsg)*, ABGB Praxiskommentar Band 4[5] (2018) § 579 ABGB Rz *3; Ferrari/Hampton/Schwarzenegger/Vaclavek* in *Ferrari/Likar-Peer*, Erbrecht[2] Kap 5 (2020) Rz 5.84.

231 *Ferrari/Hampton/Schwarzenegger/Vaclavek* in *Ferrari/Likar-Peer*, Erbrecht[2] Kap 5 (2020) Rz 5.72; *Apathy/Neumayr* in *Koziol/Bydlinski/Bollenberger* (Hrsg), Kurzkommentar zum ABGB[6] (2020) § 579 ABGB Rz 2.

232 *Welser*, Erbrechts-Kommentar § 579 ABGB (2018) Rz 5; *Mondel/Knechtel* in *Kletečka/Schauer*, ABGB-ON § 579 (2020) Rz 1/0 f.

233 *Mondel/Knechtel* in *Kletečka/Schauer*, ABGB-ON § 579 (2020) Rz 1/1; *Ferrari/Hampton/Schwarzenegger/Vaclavek* in *Ferrari/Likar-Peer*, Erbrecht[2] Kap 5 (2020) Rz 5.72; *Welser*, Erbrechts-Kommentar § 579 ABGB (2018) Rz 7; vgl auch RV 688 BlgNR 25. GP S 10.

234 *Welser*, Erbrechts-Kommentar § 579 ABGB (2018) Rz 7; *Ferrari/Hampton/Schwarzenegger/Vaclavek* in *Ferrari/Likar-Peer*, Erbrecht[2] Kap 5 (2020) Rz 5.72.

235 *Mondel/Knechtel* in *Kletečka/Schauer*, ABGB-ON § 579 (2020) Rz 1/1; *Ferrari/Hampton/Schwarzenegger/Vaclavek* in *Ferrari/Likar-Peer*, Erbrecht[2] Kap 5 (2020) Rz 5.72; *Nemeth* in *Schwimann/Neumayr* (Hrsg), ABGB Taschenkommentar[5] (2020) zu § 579 ABGB Rz 4; *Apathy/Neumayr* in *Koziol/Bydlinski/Bollenberger* (Hrsg), Kurzkommentar zum ABGB[6] (2020) zu § 579 ABGB Rz 2.

236 *Ferrari/Hampton/Schwarzenegger/Vaclavek* in *Ferrari/Likar-Peer*, Erbrecht[2] Kap 5 (2020) Rz 5.75.

237 *Mondel/Knechtel* in *Kletečka/Schauer*, ABGB-ON § 579 (2020) Rz 2; *Nemeth* in *Schwimann/Neumayr* (Hrsg), ABGB Taschenkommentar[5] (2020) zu § 579 ABGB Rz 5.

238 Siehe hierzu Kapitel 3, Fremdhändige Testamente, Erfordernis der Urkundeneinheit.

239 *Apathy/Neumayr* in *Koziol/Bydlinski/Bollenberger* (Hrsg), Kurzkommentar zum ABGB[6] (2020) zu § 579 ABGB Rz 3; *Hampton* in *Ferrari/Likar-Peer,* Erbrecht[2] Kap 5 (2020) Rz 5.76; *Welser,* Erbrechts-Kommentar § 579 ABGB (.2018) Rz 10.

240 *Ferrari/Hampton/Schwarzenegger/Vaclavek* in *Ferrari/Likar-Peer,* Erbrecht[2] Kap 5 (2020) Rz 5.76; *Welser,* Erbrechts-Kommentar § 579 ABGB (2018) Rz 10.

241 *Apathy/Neumayr* in *Koziol/Bydlinski/Bollenberger* (Hrsg), Kurzkommentar zum ABGB[6] (2020) zu § 579 ABGB Rz 3; OGH 28.01.1999, 6 Ob 321/98v.

242 *Ferrari/Hampton/Schwarzenegger/Vaclavek* in *Ferrari/Likar-Peer,* Erbrecht[2] Kap 5 (2020) Rz 5.77; *Welser,* Erbrechts-Kommentar § 579 ABGB (2018) Rz 10.

243 *Welser*, Erbrechts-Kommentar § 579 ABGB (2018) Rz 10; 16.03.2004, 4 Ob 29/04z.

244 *Ferrari/Hampton/Schwarzenegger/Vaclavek* in *Ferrari/Likar-Peer,* Erbrecht[2] Kap 5 (2020) Rz 5.79; *Welser,* Erbrechts-Kommentar § 579 ABGB (2018) Rz 10; OGH 07.04.2020, 2 Ob 35/20s.

245 *Ferrari/Hampton/Schwarzenegger/Vaclavek* in *Ferrari/Likar-Peer,* Erbrecht[2] Kap 5 (2020) Rz 5.78; *Mondel/Knechtel* in *Kletečka/Schauer*, ABGB-ON § 579 (2020) Rz 6/1; *Welser*, Erbrechts-Kommentar § 579 ABGB (2018) Rz 11.

246 *Welser*, Erbrechts-Kommentar § 579 ABGB (2018) Rz 11; *Ferrari/Hampton/Schwarzenegger/Vaclavek* in *Ferrari/Likar-Peer,* Erbrecht[2] Kap 5 (2020) Rz 5.78.

247 *Ferrari/Hampton/Schwarzenegger/Vaclavek* in *Ferrari/Likar-Peer,* Erbrecht[2] Kap 5 (2020) Rz 5.78; ErläutRV 688 BlgNR 25. GP 10.

248 Welser, Erbrechts-Kommentar § 588 ABGB (2018) Rz 2f; *Mondel/Knechtel* in *Kletečka/Schauer*, ABGB-ON § 587 (2020) Rz 1; *Nemeth* in *Schwimann/Kodek* (Hrsg), ABGB Praxiskommentar Band 4[5] (2018) § 587 ABGB Rz 2.

249 *Welser*, Erbrechts-Kommentar § 588 ABGB (2018) Rz 5; *Mondel/Knechtel* in *Kletečka/Schauer*, ABGB-ON § 587 (2020) Rz 1 ff; *Nemeth* in *Schwimann/Kodek* (Hrsg), ABGB Praxiskommentar Band 4[5] (2018) § 588 ABGB Rz 1 f.

250 *Gruber/Sprohar-Heimlich/Scheuba* in *Gruber/Kalss/Müller/Schauer* (Hrsg), Erbrecht und Vermögensnachfolge[2] (2017) § 17 Die letztwillige Verfügung Rz 121 ff; *Welser*, Erbrechts-Kommentar § 588 ABGB (2018) Rz 11.

251 OGH 28.11.2019, 2 Ob 143/19x; OGH 28.11.2019, 2 Ob 145/19s; OGH 30.01.2020, 2 Ob 218/19a; OGH 26.05.2020, 2 Ob 51/20v; OGH 17.09.2020, 2Ob143/20y; OGH 27.11.2020, 2 Ob 141/20d; OGH 27.11.2020, 2 Ob 188/20s; OGH 29.04.2021, 2 Ob 4/21h.

252 OGH 28.11.2019, 2 Ob 143/19x; OGH 28.11.2019, 2 Ob 145/19s; OGH 30.01.2020, 2 Ob 218/19a; OGH 26.05.2020, 2 Ob 51/20v; OGH 17.09.2020, 2Ob143/20y; OGH 27.11.2020, 2 Ob 141/20d; OGH 27.11.2020, 2 Ob 188/20s; OGH 29.04.2021, 2 Ob 4/21h.

253 Zusätzlich zu obig genannten Entscheidungen auch OGH 26.06.2018, 2 Ob 192/17z.

254 OGH 28.11.2019, 2 Ob 143/19x; OGH 27.11.2020, 2 Ob 188/20s.

255 OGH 26.05.2020, 2 Ob 51/20v.

256 OGH 28.11.2019, 2 Ob 145/19s.

257 OGH 30.01.2020, 2 Ob 218/19a.

258 OGH 27.11.2020, 2 Ob 141/20d.

259 OGH 29.04.2021, 2 Ob 4/21h.

260 OGH 26.05.2020, 2 Ob 51/20v; OGH 28.11.2019, 2 Ob 143/19x.

261 https://www.gallneukirchen.at/Notar_Mag_Ruediger_Kriegleder_MBL; das Interview wurde am 20.7.2021 in Linz geführt.

262 Nach geltender Rechtslage beträgt nunmehr die subjektive Verjährungsfrist (ab Kenntnis der Anspruchsgrundlage) drei Jahre und die objektive Verjährungsfrist 30 Jahre (§ 1487a ABGB).

263 *Ferrari/Hampton/Schwarzenegger/Vaclavek* in *Ferrari/Likar-Peer,* Erbrecht[2] Kap 5 (2020) Rz 5.92; *Welser,* Erbrechts-Kommentar § 580 ABGB (2018) Rz 1.

264 *Welser,* Erbrechts-Kommentar § 580 ABGB (2018) Rz 1; *Nemeth* in *Schwimann/Neumayr* (Hrsg), ABGB Taschenkommentar[5] (2020) zu § 580 ABGB Rz 2.

265 *Welser,* Erbrechts-Kommentar § 580 ABGB (2018) Rz 1; OGH 30.11.2004, 4 Ob 237/04p; *Mondel/Knechtel* in *Kletečka/Schauer*, ABGB-ON § 580 (2020) Rz 2.

266 *Ferrari/Hampton/Schwarzenegger/Vaclavek* in *Ferrari/Likar-Peer,* Erbrecht[2] Kap 5 (2020) Rz 5.92; *Welser,* Erbrechts-Kommentar § 580 ABGB (2018) Rz 2; *Mondel/Knechtel* in *Kletečka/Schauer*, ABGB-ON § 580 (2020) Rz 2.

267 *Welser,* Erbrechts-Kommentar § 580 ABGB (2018) Rz 3; OGH 12.11.1987, 6 Ob 694/87; *Apathy/Neumayr* in *Koziol/Bydlinski/Bollenberger* (Hrsg), Kurzkommentar zum ABGB[6] (2020) zu § 580 ABGB Rz 2.

268 *Ferrari/Hampton/Schwarzenegger/Vaclavek* in *Ferrari/Likar-Peer,* Erbrecht[2] Kap 5 (2020) Rz 5.94; ErläutRV 688 BlgNR 25. GP 11; *Welser,* Erbrechts-Kommentar § 580 ABGB (2018) Rz 8.

269 *Ferrari/Hampton/Schwarzenegger/Vaclavek* in *Ferrari/Likar-Peer,* Erbrecht[2] Kap 5 (2020) Rz 5.93; *Welser,* Erbrechts-Kommentar § 580 ABGB (2018) Rz 7.

270 *Welser,* Erbrechts-Kommentar § 580 ABGB (2018) Rz 7; *Apathy/Neumayr* in *Koziol/Bydlinski/Bollenberger* (Hrsg), Kurzkommentar zum ABGB[6] (2020) zu § 580 ABGB Rz 2.

271 *Ferrari/Hampton/Schwarzenegger/Vaclavek* in *Ferrari/Likar-Peer,* Erbrecht[2] Kap 5 (2020) Rz 5.93; vertreten durch *Welser,* Erbrechts-Kommentar § 580 ABGB (2018) Rz 7.

272 *Ferrari/Hampton/Schwarzenegger/Vaclavek* in *Ferrari/Likar-Peer,* Erbrecht[2] Kap 5 (2020) Rz 5.93; *Andreas Tschugguel,* Der schreib- und der leseunfähige Testator, EF-Z 2019/63 (118).

273 § 810 ABGB; *Verweijen,* Handbuch Verlassenschaftsverfahren (2021), S 239; *Spruzina* in *Kletečka/Schauer,* ABGB-ON § 810 (2017) Rz 1f; *Welser,* Erbrechts-Kommentar § 810 ABGB (2018) Rz 1.

274 *Bittner/Hawel* in *Gruber/Kalss/Müller/Schauer,* Erbrecht und Vermögensnachfolge § 11 Verlassenschaftsverfahren[2] (2017) Rz 88; RIS-Justiz RS0123139.

275 *Welser,* Erbrechtskommentar § 810 (2018) Rz 1; *Spruzina* in *Kletečka/Schauer,* ABGB-ON § 810 (2017) Rz 3: siehe hierzu Kapitel 1, Rahmenbedingungen der Nachfolgeplanung, Die Erbengemeinschaft.

276 *Haunschmidt/Haunschmidt* in *Haunschmidt/Haunschmidt* (Hrsg), Erbschaft und Testament[6] (2020) Letztwillige Anordnungen S 44.

277 § 554 ABGB; *Gruber/Sprohar-Heimlich/Scheuba* in *Gruber/Kalss/Müller/Schauer* (Hrsg), Erbrecht und Vermögensnachfolge[2] (2017) § 18 Erbeinsetzung und Vermächtnis Rz 2; *Vaclavek* in *Ferrari/Likar-Peer,* Erbrecht[2] Kap 5 (2020) Rz 5.266.

278 § 555 ABGB; *Gruber/Sprohar-Heimlich/Scheuba* in *Gruber/Kalss/Müller/Schauer* (Hrsg), Erbrecht und Vermögensnachfolge[2] (2017) § 18 Erbeinsetzung und Vermächtnis Rz 3; *Welser,* Erbrechts-Kommentar § 555 ABGB (2018) Rz 1; *Vaclavek* in *Ferrari/Likar-Peer,* Erbrecht[2] Kap 5 (2020) Rz 5.267.

279 § 556 ABGB; *Gruber/Sprohar-Heimlich/Scheuba* in *Gruber/Kalss/Müller/Schauer* (Hrsg), Erbrecht und Vermögensnachfolge[2] (2017) § 18 Erbeinsetzung und Vermächtnis Rz 5; *Welser,* Erbrechts-Kommentar § 555 ABGB (2018) Rz 1 ff; *Mondel/Knechtel* in *Kletečka/Schauer,* ABGB-ON § 556 (2020) Rz 1 ff; *Vaclavek* in *Ferrari/Likar-Peer,* Erbrecht[2] Kap 5 (2020) Rz 5.267.

280 § 557, 558 ABGB; *Vaclavek* in *Ferrari/Likar-Peer,* Erbrecht[2] Kap 5 (2020) Rz 5.267; *Gruber/Sprohar-Heimlich/Scheuba* in *Gruber/Kalss/Müller/Schauer* (Hrsg), Erbrecht und Vermögensnachfolge[2] (2017) § 18 Erbeinsetzung und Vermächtnis Rz 6 f.

281 § 559 ABGB; *Vaclavek* in *Ferrari/Likar-Peer,* Erbrecht[2] Kap 5 (2020) Rz 5.267; *Gruber/Sprohar-Heimlich/Scheuba* in *Gruber/Kalss/Müller/Schauer* (Hrsg), Erbrecht und Vermögensnachfolge[2] (2017) § 18 Erbeinsetzung und Vermächtnis Rz 8.

282 *Ferrari/Hampton/Schwarzenegger/Vaclavek* in *Ferrari/Likar-Peer,* Erbrecht[2] Kap 5 (2020) Rz 5.267.

283 *Nemeth* in *Schwimann/Neumayr* (Hrsg), ABGB Taschenkommentar[5] (2020) zu § 558 ABGB Rz 6.

284 *Ferrari/Hampton/Schwarzenegger/Vaclavek* in *Ferrari/Likar-Peer,* Erbrecht[2] Kap 5 (2020) Rz 5.267.

285 *Ferrari/Hampton/Schwarzenegger/Vaclavek* in *Ferrari/Likar-Peer,* Erbrecht[2] Kap 5 (2020) Rz 5.263; *Haunschmidt/Haunschmidt* in *Haunschmidt/Haunschmidt* (Hrsg), Erbschaft und Testament[6] (2020) Letztwillige Anordnungen, S 39.

286 *Ferrari/Hampton/Schwarzenegger/Vaclavek* in *Ferrari/Likar-Peer,* Erbrecht[2] Kap 5 (2020) Rz 5.264; *Welser,* Erbrechts-Kommentar § 555 ABGB (2018) Rz 1; *Mondel/Knechtel* in *Kletečka/Schauer,* ABGB-ON § 555 (2020) Rz 3.

287 *Welser,* Erbrechts-Kommentar § 563 ABGB (2018) Rz 3; *Mondel/Knechtel* in *Kletečka/Schauer,* ABGB-ON § 560 (2020) Rz 2.

288 *Ferrari/Hampton/Schwarzenegger/Vaclavek* in *Ferrari/Likar-Peer,* Erbrecht[2] Kap 5 (2020) Rz 5.269; *Welser,* Erbrechts-Kommentar § 563 ABGB (2018) Rz 3; *Mondel/Knechtel* in *Kletečka/Schauer,* ABGB-ON § 560 (2020) Rz 2.

289 § 560 ABGB; *Ferrari/Hampton/Schwarzenegger/Vaclavek* in *Ferrari/Likar-Peer,* Erbrecht[2] Kap 5 (2020) Rz 5.268; *Mondel/Knechtel* in *Kletečka/Schauer,* ABGB-ON § 560 (2020) Rz 1.

290 *Ferrari/Hampton/Schwarzenegger/Vaclavek* in *Ferrari/Likar-Peer,* Erbrecht[2] Kap 5 (2020) Rz 5.268; *Welser,* Erbrechts-Kommentar § 563 ABGB (2018) Rz 2, 7.

291 *Nemeth* in *Schwimann/Neumayr* (Hrsg), ABGB Taschenkommentar[5] (2020) zu § 563 ABGB Rz 4.

292 *Ferrari/Hampton/Schwarzenegger/Vaclavek* in *Ferrari/Likar-Peer,* Erbrecht[2] Kap 5 (2020) Rz 5.268; *Mondel/Knechtel* in *Kletečka/Schauer,* ABGB-ON § 560 (2020) Rz 4/1.

293 *Welser,* Erbrechts-Kommentar § 563 ABGB (2018) Rz 9, 10; *Ferrari/Hampton/Schwarzenegger/Vaclavek* in *Ferrari/Likar-Peer,* Erbrecht[2] Kap 5 (2020) Rz 5.270; *Haunschmidt/Haunschmidt* in *Haunschmidt/Haunschmidt* (Hrsg), Erbschaft und Testament[6] (2020) Letztwillige Anordnungen S 50.

294 *Ferrari/Hampton/Schwarzenegger/Vaclavek* in *Ferrari/Likar-Peer,* Erbrecht[2] Kap 5 (2020) Rz 5.194.

295 § 614 ABGB; *Ferrari/Hampton/Schwarzenegger/Vaclavek* in *Ferrari/Likar-Peer,* Erbrecht[2] Kap 5 (2020) Rz 5.195.

296 *Ferrari/Hampton/Schwarzenegger/Vaclavek* in *Ferrari/Likar-Peer,* Erbrecht[2] Kap 5 (2020) Rz 5.199.

297 *Welser,* Erbrechts-Kommentar § 604 ABGB (2018) Rz 3; *Nemeth* in *Schwimann/Neumayr* (Hrsg), ABGB Taschenkommentar[5] (2020) zu § 604 ABGB Rz 2.

298 *Welser,* Erbrechts-Kommentar § 604 ABGB (2018) Rz 2.

299 *Ferrari/Hampton/Schwarzenegger/Vaclavek* in *Ferrari/Likar-Peer,* Erbrecht[2] Kap 5 (2020) Rz 5.200.

300 *Nemeth* in *Schwimann/Neumayr* (Hrsg), ABGB Taschenkommentar[5] (2020) zu § 604 ABGB Rz 3; *Ferrari/Hampton/Schwarzenegger/Vaclavek* in *Ferrari/Likar-Peer,* Erbrecht[2] Kap 5 (2020) Rz 5.200; *Kletečka/Holzinger* in *Kletečka/Schauer,* ABGB-ON § 604 (2018) Rz 4, 5.

301 *Nemeth* in *Schwimann/Neumayr* (Hrsg), ABGB Taschenkommentar[5] (2020) zu § 604 ABGB Rz 3; *Welser,* Erbrechts-Kommentar § 604 ABGB (2018) Rz 1.

302 *Ferrari/Hampton/Schwarzenegger/Vaclavek* in *Ferrari/Likar-Peer,* Erbrecht[2] Kap 5 (2020) Rz 5.201.

303 *Ferrari/Hampton/Schwarzenegger/Vaclavek* in *Ferrari/Likar-Peer,* Erbrecht[2] Kap 5 (2020) Rz 5.203.

304 *Ferrari/Hampton/Schwarzenegger/Vaclavek* in *Ferrari/Likar-Peer,* Erbrecht[2] Kap 5 (2020) Rz 5.206.

305 *Kletečka/Holzinger* in *Kletečka/Schauer,* ABGB-ON § 606 (2018) Rz 3.

306 *Ferrari/Hampton/Schwarzenegger/Vaclavek* in *Ferrari/Likar-Peer,* Erbrecht[2] Kap 5 (2020) Rz 5.209; *Apathy/Neumayr* in *Koziol/Bydlinski/Bollenberger* (Hrsg), Kurzkommentar zum ABGB[6] (2020) zu § 608 ABGB Rz 1.

307 *Gruber/Sprohar-Heimlich/Scheuba* in *Gruber/Kalss/Müller/Schauer* (Hrsg), Erbrecht und Vermögensnachfolge[2] (2017) § 19 Instrumente zur Sicherung des Erblasserwillens Rz 8.

308 *Welser,* Erbrechts-Kommentar § 608 ABGB (2018) Rz 1; *Nemeth* in *Schwimann/Kodek* (Hrsg), ABGB Praxiskommentar Band 4[5] (2018) § 608 ABGB Rz 2.

309 *Ferrari/Hampton/Schwarzenegger/Vaclavek* in *Ferrari/Likar-Peer,* Erbrecht[2] Kap 5 (2020) Rz 5.209; *Gruber/Sprohar-Heimlich/Scheuba* in *Gruber/Kalss/Müller/Schauer* (Hrsg), Erbrecht und Vermögensnachfolge[2] (2017) § 19 Instrumente zur Sicherung des Erblasserwillens Rz 9.

310 *Welser,* Erbrechts-Kommentar § 608 ABGB (2018) Rz 2; *Kletečka/Holzinger* in *Kletečka/Schauer,* ABGB-ON § 608 (2018) Rz 14.

311 *Kletečka/Holzinger* in *Kletečka/Schauer,* ABGB-ON § 608 (2018) Rz 6, 7; *Ferrari/Hampton/Schwarzenegger/Vaclavek* in *Ferrari/Likar-Peer,* Erbrecht[2] Kap 5 (2020) Rz 5.210; *Gruber/Sprohar-Heimlich/Scheuba* in *Gruber/Kalss/Müller/Schauer* (Hrsg), Erbrecht und Vermögensnachfolge[2] (2017) § 19 Instrumente zur Sicherung des Erblasserwillens Rz 13; OGH 14.10.1993, 10 Ob 1517/93.

312 *Kletečka/Holzinger* in *Kletečka/Schauer,* ABGB-ON § 611 (2018) Rz 1; *Welser,* Erbrechts-Kommentar § 612 ABGB (2018) Rz 1; *Ferrari/Hampton/Schwarzenegger/Vaclavek* in *Ferrari/Likar-Peer,* Erbrecht[2] Kap 5 (2020) Rz 5.213.

313 *Ferrari/Hampton/Schwarzenegger/Vaclavek* in *Ferrari/Likar-Peer,* Erbrecht[2] Kap 5 (2020) Rz 5.214; *Welser,* Erbrechts-Kommentar § 612 ABGB (2018) Rz 1; *Kletečka/Holzinger* in *Kletečka/Schauer,* ABGB-ON § 611 (2018) Rz 3.

314 *Kletečka/Holzinger* in *Kletečka/Schauer,* ABGB-ON § 611 (2018) Rz 4; *Ferrari/Hampton/Schwarzenegger/Vaclavek* in *Ferrari/Likar-Peer,* Erbrecht[2] Kap 5 (2020) Rz 5.214; *Welser,* Erbrechts-Kommentar § 612 ABGB (2018) Rz 1.

315 § 612 ABGB; *Ferrari/Hampton/Schwarzenegger/Vaclavek* in *Ferrari/Likar-Peer,* Erbrecht[2] Kap 5 (2020) Rz 5.214; *Kletečka/Holzinger* in *Kletečka/Schauer,* ABGB-ON § 612 (2018) Rz 2ff; *Nemeth* in *Schwimann/Neumayr* (Hrsg), ABGB Taschenkommentar[5] (2020) zu § 612 ABGB Rz 3; *Apathy/Neumayr* in *Koziol/Bydlinski/Bollenberger* (Hrsg), Kurzkommentar zum ABGB[6] (2020) zu §§ 611–612 ABGB Rz 1.

316 *Welser/Zöchling-Jud,* Bürgerliches Recht II[14] (2015) Rz 2171; *Apathy/Neumayr* in *Koziol/Bydlinski/Bollenberger* (Hrsg), Kurzkommentar zum ABGB[6] (2020) zu §§ 611–612 ABGB Rz 1; *Kletečka/Holzinger* in *Kletečka/Schauer,* ABGB-ON § 612 (2018) Rz 1.

317 *Gruber/Sprohar-Heimlich/Scheuba* in *Gruber/Kalss/Müller/Schauer* (Hrsg), Erbrecht und Vermögensnachfolge[2] (2017) § 19 Instrumente zur Sicherung des Erblasserwillens Rz 12; *Ferrari* in *Ferrari/Likar-Peer,* Erbrecht[2] Kap 5 (2020) Rz 5.218; *Kletečka/Holzinger* in *Kletečka/Schauer,* ABGB-ON § 608 (2018) Rz 15.

318 *Kletečka/Holzinger* in *Kletečka/Schauer,* ABGB-ON § 608 (2018) Rz 15.

319 § 614 ABGB; *Ferrari* in *Ferrari/Likar-Peer,* Erbrecht[2] Kap 5 (2020) Rz 5.195; *Nemeth* in *Schwimann/Kodek* (Hrsg), ABGB Praxiskommentar Band 4[5] (2018) § 614 ABGB Rz 4; *Gruber/Sprohar-Heimlich/Scheuba* in *Gruber/Kalss/Müller/Schauer* (Hrsg), Erbrecht und Vermögensnachfolge[2] (2017) § 19 Instrumente zur Sicherung des Erblasserwillens Rz 14.

320 *Ferrari* in *Ferrari/Likar-Peer,* Erbrecht[2] Kap 5 (2020) Rz 5.230 ff; *Welser,* Erbrechts-Kommentar § 609 ABGB Rz 1; *Kletečka/Holzinger* in *Kletečka/Schauer,* ABGB-ON § 609 (2018) Rz 1, 2.

321 *Likar-Peer* in *Ferrari/Likar-Peer,* Erbrecht[2] Kap 10 (2020) Rz 12.107; *Welser,* Erbrechts-Kommentar § 550 ABGB (2018) Rz 1, 2; siehe hierzu Kapitel 1,

Rahmenbedingungen der Nachfolgeplanung, Die Erbengemeinschaft.

322 *Huber/Leitner/Leitner-Bommer/Schlagnitweit*, Unternehmensnachfolge[4], Lexis Nexis (2016) S 39; *Haunschmidt/Haunschmidt* in *Haunschmidt/Haunschmidt* (Hrsg), Erbschaft und Testament[6] (2020) Letztwillige Anordnungen, S 40.

323 *Ferrari/Hampton/Schwarzenegger/Vaclavek* in *Ferrari/Likar-Peer,* Erbrecht[2] Kap 5 (2020) Rz 5.236; *Mondel/Knechtel* in *Kletečka/Schauer*, ABGB-ON § 555 (2020) Rz 4.

324 Siehe hierzu Kapitel 4, Inhaltliche Ausgestaltung von Testamenten, Die Ersatzerbschaft sowie die Nacherbschaft.

325 § 689 ABGB; *Welser,* Erbrechts-Kommentar § 689 ABGB (2018) Rz 4; *Kolmasch* in *Schwimann/Kodek* (Hrsg), ABGB Praxiskommentar Band 4[5] (2018) § 689 ABGB Rz 1 ff; *Gruber/Sprohar-Heimlich/Scheuba* in *Gruber/Kalss/Müller/Schauer* (Hrsg), Erbrecht und Vermögensnachfolge[2] (2017) § 18 Erbeinsetzung und Vermächtnis Rz 101.

326 § 536 Abs 2 ABGB; *Ferrar/Likar-Peer* in *Ferrari/Likar-Peer,* Erbrecht[2] Kap 3 (2020) Rz 3.12; *Welser,* Erbrechts-Kommentar § 536 ABGB (2018) Rz 1 ff; *Werkusch-Christ* in *Kletečka/Schauer*, ABGB-ON § 536 Rz 2 ff.

327 § 11 TEG; *Werkusch-Christ* in *Kletečka/Schauer*, ABGB-ON § 536 Rz 4; *Welser,* Erbrechts-Kommentar § 536 ABGB (2018) Rz 5.

328 *Ferrari/Hampton/Schwarzenegger/Vaclavek* in *Ferrari/Likar-Peer*, Erbrecht[2] Kap 5 (2020) Rz 5.246 ff; ; *Welser,* Erbrechts-Kommentar § 696 ABGB (2018) Rz 1-3; *Spruzina* in *Kletečka/Schauer*, ABGB-ON § 696 (2017) Rz 1, 12.

329 *Ferrari/Hampton/Schwarzenegger/Vaclavek in Ferrari/Likar-Peer*, Erbrecht[2] Kap 5 (2020) Rz 5.248 ff; *Spruzina* in *Kletečka/Schauer*, ABGB-ON § 696 (2017) Rz 12; *Apathy/Musger* in *Koziol/Bydlinski/Bollenberger* (Hrsg), Kurzkommentar zum ABGB[6] (2020) zu § 696 ABGB Rz 2.

330 *Ferrari/Hampton/Schwarzenegger/Vaclavek* in *Ferrari/Likar-Peer,* Erbrecht[2] Kap 5 (2020) Rz 5.32; *Welser*, Erbrechts-Kommentar § 712 ABGB (2018) Rz 4 f; *Spruzina* in *Kletečka/Schauer*, ABGB-ON § 712 (2017) Rz 4 ff.

331 § 712 ABGB; *Ferrari/Hampton/Schwarzenegger/Vaclavek* in *Ferrari/Likar-Peer,* Erbrecht[2] Kap 5 (2020) Rz 5.32; *Spruzina* in *Kletečka/Schauer*, ABGB-ON § 712 (2017) Rz 7; *Niedermayr* in *Schwimann/Kodek* (Hrsg), ABGB Praxiskommentar Band 4[5] (2018) § 712 ABGB Rz 5.

332 *Ferrari/Hampton/Schwarzenegger/Vaclavek in Ferrari/Likar-Peer*, Erbrecht[2] Kap 5 (2020) Rz 5.252; *Welser,* Erbrechts-Kommentar § 706 ABGB (2018) Rz 2, 3; *Spruzina* in *Kletečka/Schauer*, ABGB-ON § 705 (2017) Rz 1, 5.

333 *Welser*, Erbrechts-Kommentar § 709 ABGB (2018) Rz 1; *Ferrari/Hampton/Schwarzenegger/Vaclavek* in *Ferrari/Likar-Peer*, Erbrecht[2] Kap 5 (2020) Rz 5.254; *Spruzina* in *Kletečka/Schauer*, ABGB-ON § 709 (2017) Rz 1, 2; *Apathy/Musger* in *Koziol/Bydlinski/Bollenberger* (Hrsg), Kurzkommentar zum ABGB[6] (2020) zu § 709 ABGB Rz 2.

334 *Ferrari/Hampton/Schwarzenegger/Vaclavek* in *Ferrari/Likar-Peer*, Erbrecht[2] Kap 5 (2020) Rz 5.254; *Welser*, Erbrechts-Kommentar § 709 ABGB (2018) Rz 2.

335 *Welser,* Erbrechts-Kommentar § 709 ABGB (2018) Rz 10 mwN; *Spruzina* in *Kletečka/Schauer*, ABGB-ON § 709 (2017) Rz 6.

336 *Ferrari/Hampton/Schwarzenegger/Vaclavek* in *Ferrari/Likar-Peer*, Erbrecht[2] Kap 5 (2020) Rz 5.256; OGH 05.09.1996, 2 Ob 2209/96h; *Welser,* Erbrechts-Kommentar § 709 ABGB (2018) Rz 1; *Spruzina* in *Kletečka/Schauer*, ABGB-ON § 709 (2017) Rz 16; OGH 11.11.2010, 2 Ob 128/10b.

337 *Ferrari/Hampton/Schwarzenegger/Vaclavek* in *Ferrari/Likar-Peer*, Erbrecht[2] Kap 5 (2020) Rz 5.257; *Welser,* Erbrechts-Kommentar § 709 ABGB (2018) Rz 12.

338 Siehe hierzu Kapitel 4, Inhaltliche Ausgestaltung von Testamenten, Der Testamentsvollstrecker.

339 *Welser*, Erbrechts-Kommentar § 709 ABGB (2018) Rz 8; *Apathy/Musger* in *Koziol/Bydlinski/Bollenberger* (Hrsg), Kurzkommentar zum ABGB[6] (2020) zu § 709 ABGB Rz 3; *Spruzina* in *Kletečka/Schauer*, ABGB-ON § 709 (2017) Rz 3, 13.

340 OGH 2 Ob 2209/96h NZ 1998, 109; *Apathy/Musger* in *Koziol/Bydlinski/Bollenberger* (Hrsg), Kurzkommentar zum ABGB[6] (2020) zu § 709 ABGB Rz 3; *Spruzina* in *Kletečka/Schauer*, ABGB-ON § 709 (2017) Rz 3.

341 *Ferrari/Hampton/Schwarzenegger/Vaclavek* in *Ferrari/Likar-Peer*, Erbrecht[2] Kap 5 (2020) Rz 5.259 ff; *Spruzina* in *Kletečka/Schauer*, ABGB-ON § 709 (2017) Rz 3.

342 RIS-Justiz RS0122290; *Ferrari/Hampton/Schwarzenegger/Vaclavek* in *Ferrari/Likar-Peer*, Erbrecht[2] Kap 5 (2020) Rz 5.261.

343 Hierzu ist in einem ersten Schritt keine Bestellung durch das Gericht notwendig (OGH 03.03.1970, 8 Ob 48/70). Wünscht der Testator jedoch, dass der ernannte Testamentsvollstrecker während des Verlassenschaftsverfahrens die Verlassenschaft vertreten und verwalten soll, kann das Gericht die ernannte Person hierzu bestellen (*Verweijen*, Handbuch Verlassenschaftsverfahren (2021), S 8, 9.).

344 *Ferrari/Hampton/Schwarzenegger/Vaclavek in Ferrari/Likar-Peer,* Erbrecht[2] Kap 5 (2020) Rz 5.276.

345 *Welser,* Erbrechts-Kommentar § 816 ABGB (2018) Rz 2; *Gruber/Sprohar-Heimlich/Scheuba* in *Gruber/Kalss/Müller/Schauer* (Hrsg), Erbrecht und Vermögensnachfolge^2 (2017) § 19 Instrumente zur Sicherung des Erblasserwillens Rz 47; *Spruzina* in *Kletečka/Schauer,* ABGB-ON § 816 (2017) Rz 17.

346 *Spruzina* in *Kletecka/Schauer,* ABGB-ON § 816 (2017) Rz 17.

347 *Gruber/Sprohar-Heimlich/Scheuba in Gruber/Kalss/Müller/Schauer,* Erbrecht und Vermögensnachfolge^2 (2017) § 19 Instrumente zur Sicherung des Erblasserwillens Rz 48; *Ferrari/Hampton/Schwarzenegger/Vaclavek in Ferrari/Likar-Peer,* Erbrecht^2 Kap 5 (2020) Rz 5.276.

348 *Spruzina* in *Kletečka/Schauer,* ABGB-ON § 816 (2017) Rz 3; *Ferrari/Hampton/Schwarzenegger/Vaclavek* in *Ferrari/Likar-Peer,* Erbrecht^2 Kap 5 (2020) Rz 5.277.

349 *Ferrari/Hampton/Schwarzenegger/Vaclavek* in *Ferrari/Likar-Peer,* Erbrecht^2 Kap 5 (2020) Rz 5.277.

350 *Spruzina* in *Kletečka/Schauer,* ABGB-ON § 816 (2017) Rz 3; maW *Gruber/Sprohar-Heimlich/Scheuba* in *Gruber/Kalss/Müller/Schauer,* Erbrecht und Vermögensnachfolge^2 (2017) § 19 Instrumente zur Sicherung des Erblasserwillens Rz 48.

351 *Spruzina* in *Kletečka/Schauer,* ABGB-ON § 816 (2017) Rz 4; *Ferrari/Hampton/Schwarzenegger/Vaclavek* in *Ferrari/Likar-Peer,* Erbrecht^2 Kap 5 (2020) Rz 5.278.

352 § 816; OGH 16.05.2002, 6 Ob 196/01v; *Spruzina* in *Kletečka /Schauer,* ABGB-ON § 816 (2017) Rz 4; *Welser,* Erbrechts-Kommentar § 816 ABGB (2018) Rz 5.

353 *Welser,* Erbrechts-Kommentar § 816 ABGB (2018) Rz 5.

354 OGH 14.02.2008, 2 Ob 1/08y; *Ferrari/Hampton/Schwarzenegger/Vaclavek* in *Ferrari/Likar-Peer,* Erbrecht^2 Kap 5 (2020) Rz 5.286 ff.

355 *Ferrari/Hampton/Schwarzenegger/Vaclavek* in *Ferrari/Likar-Peer,* Erbrecht^2 Kap 5 (2020) Rz 5.288; *Bydlinski,* Letztwillige Verwaltungsanordnungen, JBl 1981, 72.

356 § 156 Abs 2 AußStrG; *Ferrari* in *Ferrari/Likar-Peer,* Erbrecht^2 Kap 5 (2020) Rz 5.295.

357 *Ferrari/Hampton/Schwarzenegger/Vaclavek* in *Ferrari/Likar-Peer,* Erbrecht^2 Kap 5 (2020) Rz 5.290; *Welser,* Erbrechts-Kommentar § 816 ABGB (2018) Rz 10.

358 OGH 14.03.2013, 1 Ob 3/13t; OGH 23.12.2014, 1 Ob 233/14t; *Welser,* Erbrechts-Kommentar § 816 ABGB (2018) Rz 10; *Ferrari/Hampton/Schwarzenegger/Vaclavek* in *Ferrari/Likar-Peer,* Erbrecht^2 Kap 5 (2020) Rz 5.292.

359 *Spruzina* in *Kletečka/Schauer,* ABGB-ON § 816 (2017) Rz 11; *Ferrari/Hampton/Schwarzenegger/Vaclavek* in *Ferrari/Likar-Peer,* Erbrecht^2 Kap 5 (2020) Rz 5.293.

360 *Welser,* Erbrechtskommentar § 816 ABGB (2018) Rz 4; *Spruzina* in *Kletečka/Schauer,* ABGB-ON § 816 (2017) Rz 18; *Ferrari/Hampton/Schwarzenegger/Vaclavek* in *Ferrari/Likar-Peer,* Erbrecht^2 Kap 5 (2020) Rz 5.297.

361 OGH 08.08.2002, 8 Ob 73/02x; RIS-Justiz RS0116786; *Ferrari/Hampton/Schwarzenegger/Vaclavek* in *Ferrari/Likar-Peer,* Erbrecht^2 Kap 5 (2020) Rz 5.297; *Welser,* Erbrechtskommentar § 816 ABGB (2018) Rz 4.

362 *Ferrari/Hampton/Schwarzenegger/Vaclavek* in *Ferrari/Likar-Peer,* Erbrecht^2 Kap 5 (2020) Rz 5.298.

363 *Haunschmidt,* Erbschaft und Testament (2016) S 68; OGH 16.05.2002, 6 Ob 196/01v.

364 *Welser,* Erbrechtskommentar § 816 ABGB (2018) Rz 15; *Gruber/Sprohar-Heimlich/Scheuba* in *Gruber/Kalss/Müller/Schauer* (Hrsg), Erbrecht und Vermögensnachfolge^2 (2017) § 19 Instrumente zur Sicherung des Erblasserwillens Rz 52.

365 *Spruzina* in *Kletečka/Schauer,* ABGB-ON § 816 (2017) Rz 15; OGH 14.03.2013 1 Ob 3/13t; *Ferrari/Hampton/Schwarzenegger/Vaclavek* in *Ferrari/Likar-Peer,* Erbrecht^2 Kap 5 (2020) Rz 5.296.

366 *Welser,* Erbrechtskommentar § 816 ABGB (2018) Rz 14.

367 *Spruzina* in *Kletečka/Schauer,* ABGB-ON § 816 (2017) Rz 15; *Welser,* Erbrechtskommentar § 816 ABGB (2018) Rz 15, 16; *Nemeth* in *Schwimann/Kodek (Hrsg),* ABGB Praxiskommentar Band 4^5 (2018) § 816 ABGB Rz 9.

368 Siehe hierzu Kapitel 4, Inhaltliche Ausgestaltung von Testamenten, Weitere mögliche Regelungsinhalte, Vorsorge Minderjährigkeit

369 Verordnung (EU) Nr 650/212 des Europäischen Parlaments und des Rates vom 4.7.2012 über die Zuständigkeit, das anzuwendende Recht, die Anerkennung und Vollstreckung von Entscheidungen und die Annahme und Vollstreckung öffentlicher Urkunden in Erbsachen sowie zur Einführung eines Europäischen Nachlasszeugnisses.

370 *Scheuba* in *Gruber/Kalss/Müller/Schauer* (Hrsg), Erbrecht und Vermögensnachfolge^2 (2017) § 42 Internationales Erbrecht – Europäische Erbrechtsverordnung Rz 10–12; *Ferrari* in *Ferrari/Likar-Peer,* Erbrecht^2 Kap 16 (2020) Rz 16.3 ff.

371 *Scheuba* in *Gruber/Kalss/Müller/Schauer* (Hrsg), Erbrecht und Vermögensnachfolge^2 (2017) § 42 Internationales Erbrecht – Europäische Erbrechtsverordnung

Rz 14; *Ferrari* in *Ferrari/Likar-Peer,* Erbrecht[2] Kap 16 (2020) Rz 16.19.

372 *Traar* in *Burgstaller/Neumayr/Geroldinger/Schmaranzer (*Hrsg), Internationales Zivilverfahrensrecht (2016) zu Artikel 4 EuErbVO Rz 3, 4; *Ferrari* in *Ferrari/Likar-Peer,* Erbrecht[2] Kap 16 (2020) Rz 16.10.

373 *Czernich* in *Gruber/Kalss/Müller/Schauer* (Hrsg), Erbrecht und Vermögensnachfolge[2] (2017) § 43 Internationale Zuständigkeit und Vollstreckung in Erbrechtssachen/Internationales Erbverfahrensrecht Rz 25; *Czernich* in *Gruber/Kalss/Müller/Schauer* (Hrsg), Erbrecht und Vermögensnachfolge[2] (2017) § 43 Internationale Zuständigkeit und Vollstreckung in Erbrechtssachen/Internationales Erbverfahrensrecht Rz 23 ff.

374 Siehe hierzu Kapitel 1, Rahmenbedingungen der Nachfolgeplanung, Pflichtteilsrecht.

375 *Schilchegger/Kieber* in *Schilchegger/Kieber* (Hrsg), Österreichisches Verlassenschaftsverfahren[2] (2015), Gebühren, S 212 ff; *Verweijen,* Verlassenschaftsverfahren[3], (2021), XXI. Steuern und Gebühren, S 373 ff.

376 Art 5 EuErbVO.

377 *Christoph Mondel,* Bestimmung eines Obsorgeberechtigten im Testament?, iFamZ 2019, 45.

378 Siehe hierzu Kapitel 4, Inhaltliche Ausgestaltung von Testamenten, Der Testamentsvollstrecker.

379 § 21 Abs 1 ABGB.

380 *Hofmann* in *Gruber/Kalss/Müller/Schauer* (Hrsg), Erbrecht und Vermögensnachfolge[2] (2017) § 39 Der minderjährige Erbe Rz 2; *Verweijen,* Verlassenschaftsverfahren[3], (2021), V. Allgemeine Bestimmungen des AußStrG, C. Vertretungsvorsorge, S 44.

381 § 725 ABGB; *Ferrari/Hampton/Schwarzenegger/Vaclavek* in *Ferrari/Likar-Peer,* Erbrecht[2] Kap 5 (2020) Rz 5.182; *Welser,* Erbrechts-Kommentar § 725 ABGB (2018) Rz 1 ff.

382 *Ferrari/Hampton/Schwarzenegger/Vaclavek* in *Ferrari/Likar-Peer,* Erbrecht[2] Kap 5 (2020) Rz 5.187; *Tschugguel,* Aufhebung der Erbeinsetzung durch Auflösung der Lebensgemeinschaft, EF-Z 2019/130.

383 *Verweijen,* Verlassenschaftsverfahren[3], *(2021),* V. Allgemeine Bestimmungen des AußStrG, C. Vertretungsvorsorge, S 3; *Ferrari* in *Ferrari/Likar-Peer,* Erbrecht[2] Kap 2 (2020) Rz 2.33.

384 *Verweijen,* Verlassenschaftsverfahren[3], *(2021),* V. Allgemeine Bestimmungen des AußStrG, C. Vertretungsvorsorge, S 2.

385 *Bianca Dorigatti/Wolfgang Lackner,* Das digitale Leben nach dem Tod, iFamZ 2019, 196.

386 *Zierl/Schweighofer/Wimberger,* Erwachsenenschutzrecht[2] (2018) Praxiskommentar, 1. Teil: Allgemeines und Grundlage, Rz 24; *Schauer* in *Kletečka/Schauer,* ABGB-ON (2019) Rz 17. Siehe hierzu Kapitel 1, Rahmenbedingungen der Nachfolgeplanung, Testierfähigkeit.

387 §§ 264 bis 267 ABGB.

388 *Pesendorfer,* Das 2. Erwachsenenschutz-Gesetz, ÖJZ 2018/66; *Zierl/Schweighofer/Wimberger* in *Zierl/Schweighofer/Wimberger* (Hrsg), Erwachsenenschutzrecht[2] (2018) Kapitel: Die vier Säulen des Erwachsenenschutzrechts Rz 163.

389 §§ 271 bis 275 ABGB.

390 §§ 268 bis 270 ABGB.

391 *Hinteregger,* Erwachsenenvertreter-Verfügung, gewählte und gesetzliche Erwachsenenvertretung, EF-Z 2018/117; *Schauer* in *Kletečka/Schauer,* ABGB-ON § 268 (2019) Rz 13.

392 §§ 260 bis 263 ABGB.

393 *Spenling/Koza/Fritz/Erlebach,* Die vier Säulen im Erwachsenenschutzrecht, iFamZ 2017, 158.

394 § 262 ABGB; *Pesendorfer,* Das 2. Erwachsenenschutz-Gesetz, ÖJZ 2018/66; *Spenling/Koza/Fritz/Erlebach,* Die vier Säulen im Erwachsenenschutzrecht, iFamZ 2017, 158.

395 *Zierl/Schweighofer/Wimberger,* Erwachsenenschutzrecht[2] (2018): Praxiskommentar, Die vier Säulen des Erwachsenenschutzgesetz Rz 358; ErläutRV 1461 BlgNR 25. GP 36.

396 § 140h NO; *Pesendorfer,* Das 2. Erwachsenenschutz-Gesetz, ÖJZ 2018/66; *Schauer* in *Kletečka/Schauer,* ABGB-ON § 263 (2019) Rz 8.

397 *Ferrari,* Die Vorsorgevollmacht nach dem 2. Erwachsenenschutz-Gesetz, iFamZ 2018, 287; *Schauer* in *Kletečka/Schauer,* ABGB-ON § 243 (2019) Rz 4 ff.

398 *Spenling/Koza/Fritz/Erlebach,* Die vier Säulen im Erwachsenenschutzrecht, iFamZ 2017, 158; *Zierl/Schweighofer/Wimberger* in *Zierl/Schweighofer/Wimberger* (Hrsg), Erwachsenenschutzrecht[2] (2018) Kapitel: Die vier Säulen des Erwachsenenschutzrechts Rz 389.

399 Das neue Erwachsenenschutzrecht, Infobroschüre des Bundesministeriums für Justiz; *Zierl/Schweighofer/Wimberger* in *Zierl/Schweighofer/Wimberger* (Hrsg), Erwachsenenschutzrecht[2] (2018) Kapitel: Die vier Säulen des Erwachsenenschutzrechts Rz 357.

400 *Bernat* in *Schwimann/Kodek* (Hrsg), ABGB Praxiskommentar[5] (2019) § 5 PatVG Rz 1 ff.

401 *Rammelmüller,* Die Novellierung des Patientenverfügungsgesetzes 2018 – ein Überblick, Zak 2019/115; *Bernat* in *Schwimann/Kodek* (Hrsg), ABGB Praxiskommentar[5] (2019) § 7 PatVG Rz 1 ff.

402 *Bernat* in *Schwimann/Kodek* (Hrsg), ABGB Praxiskommentar[5] (2019) § 3 PatVG Rz 1ff; *Kerschner* in *Resch/Wallner* (Hrsg), Handbuch Medizinrecht[3] (2020) Patientenrechte und Behandlungsbegrenzung (Abbruch, Patientenverfügung und Vorsorgevollmacht) Rz 143 f.

Stichwortverzeichnis